내 인생의 프로젝트 매니저
The Project Manager of My Life

초판 1쇄 발행 2019년 8월 15일

지은이 원리(One Lee)
그림 박채령, 정예린
펴낸이 장길수
펴낸곳 지식과감성#
출판등록 제2012-000081호

디자인 최지희
편집 이현, 최지희
교정 박솔빈
마케팅 고은빛

주소 서울시 금천구 벚꽃로298 대륭포스트타워6차 1212호
전화 070-4651-3730~4
팩스 070-4325-7006
이메일 ksbookup@naver.com
홈페이지 www.knsbookup.com

ISBN 979-11-6275-750-5(03320)
값 12,000원

ⓒ 원리(One Lee) 2019 Printed in Korea

잘못된 책은 구입하신 곳에서 바꾸어 드립니다.
이 책의 전부 또는 일부 내용을 재사용하려면 사전에 저작권자와 펴낸곳의 동의를 받아야 합니다.

이 도서의 국립중앙도서관 출판예정도서목록(CIP)은 서지정보유통지원시스템
홈페이지(http://seoji.nl.go.kr)와 국가자료공동목록시스템(http://www.nl.go.kr/kolisnet)에서
이용하실 수 있습니다. (CIP제어번호 : CIP2019031737)

 홈페이지 바로가기

내 인생의 프로젝트 매니저

독자에게 드리는 편지

 이 책의 주인공은 J(제이) 선생님과 I(아이)입니다. 아이가 제이 선생님을 따라 세 시간의 하늘 여행을 하며 감사에 대해, 사랑에 대해 그리고 매니지먼트에 대해 알아가는 이야기입니다. 당신이 아이라고 생각해 보세요. 그리고 제이 선생님과 함께 세 시간의 하늘 여행을 떠나 보세요. 제이 선생님은 당신에게 인생의 지혜를 선물할 것입니다.

　이 책이 당신에게 좋은 선물이 되길 바랍니다. 그리고 이 책이 당신에게 좋은 선물이었다면 이번엔 사랑하는 사람들에게 이 책을 선물해 주세요. 이 책이 당신과 당신이 사랑하는 사람들의 여생을 바꾸는 좋은 선물이 되길 바랍니다.

　인생은 하나의 프로젝트입니다. 한 번뿐인 인생 프로젝트. 소중한 것은 매니지먼트해야 합니다. 우리는 인생 프로젝트를 매니지먼트하는 프로젝트 매니저입니다.

내 인생의 프로젝트 매니저

Chapter 1
세 시간의 하늘 여행

1.1. 시간 공장 ······························· 11
1.2. 시간 소각장 ···························· 35
1.3. 하늘 정원 ······························· 45

Chapter 2
선택의 방

2.1. 경쟁하지 말고 창조하라 ················ 55
2.2. 무엇을 하다 왔느냐 ····················· 61
2.3. 사랑하다 왔습니다 ······················ 81

Chapter 3
매니지먼트 스쿨

3.1. 인생은 30,000일 프로젝트 ············· 89
3.2. 인생 프로젝트 매니지먼트 ·············· 119
3.3. 오늘의 이름을 지어주세요 ·············· 137

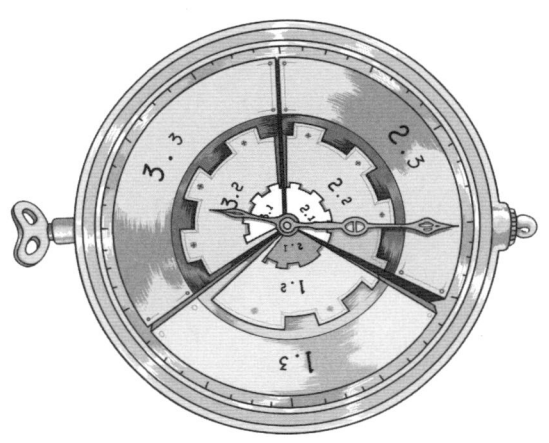

Chapter 1

세 시간의 하늘 여행

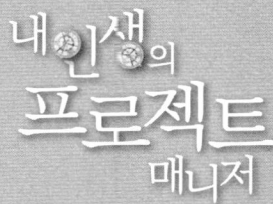

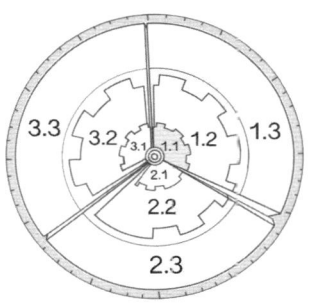

시간 공장

"지금껏 난 뭘 하고 산 걸까?"

행복의 반대는 불만이다. 자책감과 죄책감으로 가득한 자기 불만이 내 마음에 에베레스트산 빙하처럼 쌓여 있다.

시간이 물이라면 바다가 아닌 강일 것이다. 빙하가 녹아내려 커다란 바위들을 아무렇지도 않게 휩쓸어 버리며 제 갈 길을 가버리는 그런 강 말이다. 시간은 빠르고 강하게 흐른다. 시간은 엄청난 에너지이다.

"계속 헤엄쳐! 계속 헤엄쳐!"

애니메이션 영화 〈니모를 찾아서〉에 나오는 도리 아줌마의 말처럼, 계속 헤엄쳐 전진한 것 같은데 나중에 보면 나는 늘 제자리이다. 나는 인생에 대한 허무감을 느낀다. 자책감과 죄책감이 내 연한 마음을 할퀸다. 내 마음이 아프다.

오늘의 나는 어제까지 내가 만든 작품이다. 나도 그 사실을 알기에 오늘의 나의 참을 수 없는 부족함이 내 마음을 찌른다. 내 마음에서 피가 난다. 지금 나는 바닷가에 와 있다. 피 나는 내 마음을 닦기 위해.

나는 두렵다. 두려움은 내 마음의 평안을 공격한다. 죽음에 대한 두려움. 사실 죽음보다 더 두려운 것은 죽은 후의 끝없는 시간이다. 열 살 때 어느 날 밤부터 나는 죽은 후 끝없는 시간을 두려워했다. 백만 년이든 백억 년이든 백조 년이든 죽은 후 시간의 끝이 있다면 좋으련만. 죽은 후 끝없는 시간을 생각하며 나는 이불 속에서 울었다.

두려움은 모름에서 나온다. 나는 즉음을 모른다. 그래서 죽음이 두렵다. 죽음을 모른다는 것은 삶도 모른다는 것이다. 열 살 때도 몰랐고 마흔한 살인 지금도 모른다. 그때도 두려웠고 지금도 두렵다. 마음에서 눈물이 난다. 지금 나는 바닷가에 와 있다. 눈물 나는 내 마음을 닦기 위해.

아무도 없는 바닷가. 무화과나무 아래. 나는 낚시 의자에 앉아 있다. 스카이블루의 맑은 하늘. 그 하늘에 홀로 빛나는 태양. 그 태양 빛을 받은 웨이브 스카이블루의 바다. 그 바다에서 불어오는 청량한 바람. 그 바람이 만드는 잔잔한 파도. 그 파도가 만드는 규칙적인 소리. 완전 ASMR이다. 마음이 편안하다. 스르르 눈이 감긴다…….

"물고기 많이 잡았냐?"

누군가가 나에게 말을 걸었다. 온유하고 친밀한 목소리로. 이상하다. 오늘 내내 이 바닷가에는 나밖에 없었는데.

나는 소리 나는 쪽으로 고개를 돌리며 대답했다.

"아직 한 마리도 못 잡았습니다. 그런데 선생님은 여기에

언제 오셨어요?"

"방금. 만나서 반갑다. 내 이름은 J(제이)이다."

"제이 선생님! 만나서 반갑습니다. 제 이름은 I(아이)입니다."

J와 I. 그러니까 제이 선생님과 나는 이렇게 만났다.

제이 선생님과 나는 무화과나무 아래에서 바다와 서로의 얼굴을 번갈아 바라보며 하늘- 바다, 서로에 대한 즐거운 이야기를 나누었다. 제이 선생님은 좋은 분이다.

나는 무화과나무를 올려다보며 말했다.

"제이 선생님! 무화과나무에서 코코넛 향기가 나요. 그런데 꽃향기는 아닐 거예요. 아무리 찾아도 꽃을 볼 수 없기 때문에 나무 이름을 무화과나무라 지었답니다."

제이 선생님은 고개를 끄덕이며 말했다.

"무화과나무의 꽃은 보이지 않는 곳에 핀다. 열매 안에. 보이지 않지만 꽃은 있다. 꽃이 있으니 열매가 있다. 아이야! 나는 풍성하게 열매 맺는 무화과나무를 좋아한다. 인생도 마찬가지이다. 풍성하게 열매 맺는 인생이 되어야 한다."

나는 생각했다. 내 인생은 풍성하게 열매 맺는 인생인가? 나는 고개를 떨구며 제이 선생님에게 고백했다.

"제이 선생님! 지금 저는 삶에 대한 허무감과 죽음에 대한 두려움 때문에 힘듭니다."

제이 선생님은 나에게 고백했다.

"아이야! 나는 다 안다. 그래서 오늘 내가 너에게 왔다. 나는 너의 모든 것을 안다."

나는 고개를 들어 제이 선생님을 바라보며 물었다.

"저의 모든 것을 안다고요?"

"맞다. 나는 다 안다. 아이야! 내 닉네임이 뭔지 맞혀 보겠느냐?"

"제이 선생님의 닉네임이요? 글쎄요?"

"옴니사이언스(Omniscience)이다."

"옴니사이언스요? 모든 것을 안다는 뜻의 옴니사이언스요?"

"맞다."

제이 선생님은 나에게 물었다.

"아이야! 너는 무슨 일을 하냐?"

"제이 선생님! 선생님은 모든 것을 다는 분인데 왜 저에게 질문하세요?"

"아이야! 나는 너와 이야기 나누는 것을 좋아한다. 이야기를 나누려면 누군가 먼저 말을 걸어야 한다. 내가 너에게 질문하는 이유는 내가 모르는 것이 있어서 너에게 묻는 것이 아니라 내가 너와 이야기를 나누고 싶어서 너에게 말을 거는 것이다. 너도 나와 이야기 나누는 것이 좋다면 나에게 질문을 해라. 나는 질문과 질문하는 사람을 좋아한다."

"하하하. 네, 좋습니다. 저는 학교에서 사이언스(Science)를 가르치는 선생님입니다. 저도 학생들에게 좋은 질문을 많이 하라고 강조합니다. 그리고 저도 질문과 질문하는 학생을 좋아합니다. 그러고 보니 제이 선생님은 옴니사이언스 선생님, 저는 사이언스 선생님. 우리는 서로 통하는데요?"

"하하하. 그렇구나. 제이와 아이. 우리는 서로 통하는구나."

제이 선생님과 나는 서로를 보며 크게 웃었다.

"아이야! 오늘 내가 너를 위해 선물을 준비했다."

"선물이요?"

"응. 선물. 너의 여생을 바꿀 특별한 선물이다."

"우와! 저의 여생을 바꿀 특별한 선물이요?"

나는 제이 선생님의 손을 보며 말했다.

"제이 선생님! 그 선물이 뭔지 궁금한데요? 그 선물은 어디 있어요?"

"아이야! 그 선물을 받고 싶다면 나를 따르라. 나와 함께 여행을 가자. 세 시간의 하늘 여행. 그것이 오늘 내가 너를 위해 준비한 특별한 선물이다."

"세 시간의 하늘 여행이요? 어느 나라로 가는 건데요?"

"하늘로 가자. 하늘에 가서 내가 너에게 보여줄 것들이 많다. 삶에 대한 허무감과 죽음에 대한 두려움에 힘들어하는 너를 위해 내가 준비한 사랑의 선물이다."

내 마음은 세 시간의 하늘 여행에 대한 기대 50%, 걱정 50%였다.

"제이 선생님! 그런데 어떻게 우리가 하늘로 갈 수 있어요? 비행기를 타고 가나요? 지금 저는 여권도 없는데요?"

"아이야! 나는 옴니사이언스이다. 우리가 갈 하늘은 비행기를 타고 갈 수 있는 곳도 아니고 여권이 있다고 들어갈 수 있는 곳도 아니다. 그러니 아무것도 걱정하지 말아라. 오직 너는 나를 믿고 내 손을 잡으면 너는 나와 함께 하늘로 갈 수 있다. 너는 나를 믿냐?"

"네. 저는 제이 선생님을 믿어요. 그런데 하늘에 갔다가 언제 돌아오나요? 저는 시간이 없어요. 내일 출근해야 합니다."

"정확히 세 시간 코스이다."

제이 선생님은 나에게 단순한 디자인의 시계를 건네주며 말했다.

"아이야! 이것은 세 시간의 하늘 여행용 하늘 시계이다. 너의 왼쪽 손목에 차라."

나는 하늘 시계를 내 왼쪽 손목에 찼다.

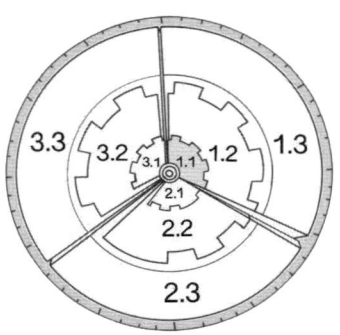

"아이야! 여행하는 동안 하늘 시간이 궁금하면 이 하늘 시계를 봐라. 하늘 시간과 세상 시간은 다르다. 그래서 하늘 시계는 세상 시계와 다른 모습이다. 시계를 봐봐. 마치 타깃(Target)처럼 생겼지? 중심을 감싼 작은 원이 있고 그 작은 원을 중간 원이 감싸고 있고 그 중간 원을 큰 원이 감싸고 있지? 그리고 그 세 개의 원을 3등분한 아홉 개의 조각들이 보이지? 1.1, 1.2, 1.3, 2.1, 2.2, 2.3, 3.1, 3.2, 3.3. 그 아홉 개의 조각들 중에 빛나는 조각이 현재 시간이다. 아주 단순한 디자인이지? 아이야! 지금 몇 시인지 알겠냐?"

"네. 1.1조각이 빛나고 있으니 1.1시이네요."

"맞다. 1.1시. 여행을 시작할 시간이구나. 아이야! 내 품에 안겨라. 그리고 내 손을 꼬옥 잡아라. 하늘로 가자."

나는 제이 선생님의 품에 안겨 제이 선생님의 손을 꼬옥 잡았다. 제이 선생님도 내 손을 꼬옥 잡았다. 우리는 하늘로 힘차게 날아올랐다.

"아이야! 네 손이 땀으로 촉촉이 젖어 있구나. 무섭냐?"

"비행 속도가 너무 빨라서 무서워요. 그리고 너무 높아서 무서워요."

제이 선생님은 나에게 다정히 말했다.

"아이야! 두려워하지 말아라. 내가 너와 함께 있다. 나를 믿어라. 네가 내 손을 놓아도 나는 네 손을 놓지 않는다. 나와 함께 있는 사람은 겁을 먹는 것이 아니다."

네가 내 손을 놓아도 나는 네 손을 놓지 않는다라는 제이 선생님의 말에 나의 모든 걱정과 두려움이 사라졌다.

"제이 선생님! 아까는 무서웠는데 지금은 괜찮아요. 제이 선생님의 말에는 능력이 있어요."

나는 제이 선생님에게 물었다.

"제이 선생님! 그런데 지금 비행 속드가 얼마예요?"

"사이언스 선생님다운 질문이구나. 지금 우리는 지구의 자전 속도인 초속 465m 속도로 날아가고 있다. 곧 대기권을 벗어나면 우리는 지구의 공전 속도인 초속 30,000m 속도로 날아갈 것이다."

"우와! 정말 짜릿합니다. 우주선에 타지 않고 우주복을 입지 않고 이렇게 빠른 속도로 하늘을 날 수 있다는 것을 저는 상상도 못 했습니다."

"네가 좋아하니 나도 좋다."

내 마음은 세 시간의 하늘 여행에 대한 기대 100%, 걱정 0%로 바뀌었다.

문득 나는 제이 선생님이 나에게 세 시간의 하늘 여행을 선물하는 이유가 궁금했다.

"제이 선생님! 그런데 왜 저에게 하늘을 보여주려고 하세요?"

"아이야! 좋은 질문이구나. 선물 중에 가장 좋은 선물은 보여주는 선물이다. '아이 씨(I see)는 '아이 노우(I know)이다. 보아야 안다. 알려면 보아야 한다. 그리고 알아야 믿는다. 그리고 믿어야 사랑한다. 아이야! 나는 너를 사랑한다. 너는 나를 사랑하냐?"

제이 선생님의 품에 안겨 제이 선생님의 손을 잡고 있는 나. 나는 온몸과 온 마음으로 제이 선생님의 사랑을 느꼈다.

"네, 저는 제이 선생님을 사랑합니다. 아주 많이요."

제이 선생님은 흐뭇하게 웃으며 나에게 속삭이듯 말했다.

"서로 사랑하자. 서로 사랑하면 네가 내 안에 있고 내가 네 안에 있는 것이니 우리는 하나이다. 지금부터 나는 너에게 하늘에 있는 놀라운 모습들을 보여줄 것이다. 그러면 너는 알게 되고 믿게 되고 사랑하게 될 것이다."

나는 제이 선생님의 손을 더 세게 잡으며 사랑의 마음을 전했다.

우리는 어느 서늘한 방과 어느 연기 나는 곳을 초속 30,000m의 속도로 지나 측량할 수 없을 정도로 넓은 꽃밭 위를 날았다. 누가 봐도 여기는 하늘이었다. 내가 본 하늘 모습은 직접 보기 전에 상상할 수도, 말할 수도, 그릴 수도 없는 아름다운 모습이었다. 세상 언어로는 도저히 표현할 수 없는 밝음, 생기, 평안, 기쁨, 그야말로 사랑이 가득한 곳이었다.

나는 탄식하며 말했다.

"아, 하늘이 있었구나."

내 마음은 벅차올랐고 나도 모르게 감동의 눈물이 흘러

내렸다.

왼손으로는 나의 눈물을 닦고 오른손으로는 나의 등을 어루만지며 제이 선생님은 나에게 말했다.

"하늘은 있다."

제이 선생님은 말을 이었다.

"하늘에는 무한개의 아름다운 모습과 무한개의 아름다운 단어가 있다. 그래서 네가 본 하늘의 모습을 세상에 가서 세상 언어로 세상 사람들에게 모두 알려줄 수는 없다. 그러나 세 시간의 하늘 여행을 통해 네가 배운 것들을 잘 기억해 두었다가 세상에 가서 세상 언어로 세상 사람들에게 잘 알려주어라."

제이 선생님은 내 앞으로 와서 두 팔을 벌렸다.

"아이야! 너는 오늘 하늘 여행자 신분이다. 여행자는 하늘 음식을 먹을 수 없기 때문에 여행 일정에 환영 파티는 없다. 그러나 나는 하늘을 대표해 너에게 환영 인사를 하고 싶다. 아이야! 하늘에 온 것을 환영한다."

제이 선생님은 다시 내 옆으로 와서 오른손으로는 내 왼손을 잡고 왼손으로는 앞을 가리키며 말했다.

"저곳이 바로 시간 공장이다. 저 공장에서 시간을 만들어 낸다. 너는 사이언스 선생님이니 잘 알겠지만 시간은 분명히 존재한다. 시간은 눈에 보이지 않는다. 눈에 보이지 않는 시간을 보기 위해 눈에 보이는 시계를 만든 것이다. 시간과 시계는 모두 존재한다. 아이야! 존재하는 모든 것은 누군가 만든 것이다. 시계처럼 눈에 보이는 것은 눈에 보이는 손으로 누군가 만든 것이다. 시간처럼 눈에 보이지 않는 것은 눈에 보이지 않는 손으로 누군가 만든 것이다. 눈에 보이는 것이든 눈에 보이지 않는 것이든 누군가 만들었기 때문에 존재한다. 눈에 보이는 것만 존재하는 것이 아니다. 눈에 보이지 않는 것도 존재한다. 눈에 보이는 것은 눈으로 보면 볼 수 있지만 눈에 보이지 않는 것은 믿음의 눈으로 보아야 볼 수 있다. 존재하는 모든 것은 누군가가 만든 것이다. 지극히 사이언스적인 이 말을 마음으로 받아들여야 믿음의 눈으로 보이지 않는 것을 볼 수 있다. 믿음은 보이지 않는 것을 볼 수 있는 능력이다. 보이는 것만 보고 믿는 믿음 없는 사람이 되지 말고 보이지 않는 것도 보고 믿는 믿음 있는 사람이 되어라."

나는 내 양손을 가슴에 대며 고개를 살짝 끄덕였다. 제이 선생님의 말이 맞고 그 말을 이해했으며 그 말을 마음으로 받아들였다는 제스처였다.

"아이야! 내 손을 잡아라. 시간 공장 안으로 들어가 보자."

놀이공원에서 아이를 잃어버리지 않으려고 아이 손을 꼬옥 잡은 아빠처럼 제이 선생님은 내 손을 꼬옥 잡았다.

우리는 시간 공장 안으로 들어갔다. 공장은 어마어마하게 컸지만 소음은 전혀 없었다. 그러나 태양과는 비교할 수 없을 만큼 강력한 에너지가 공장에 흐르고 있다는 것을 느낄 수 있었다.

"우와! 이렇게 큰 공장이 하늘에 있었다니… 그리고 시간이 하늘에 있는 시간 공장에서 만들어진 것이었다니… 저는 전혀 몰랐어요. 아니 상상도 못 했어요."

"아이야! 존재하는 모든 것은 누군가 만든 것이다. 시간 공장은 매일 지구에 사는 사람들의 숫자에 맞게 77억 개의 '오늘'이라는 시간을 만드는 최첨단 설비이다. 이 공장은 생산성 100%, 불량률 0%이다. 단 하루도 가동을 멈춘 적이 없다. 하늘에 있는 모든 시스템이 그렇듯이 시간 공장의 시스템들은 완벽하게 돌아가고 있다."

시간 공장을 속속들이 다 알고 있는 제이 선생님은 '시간 창조 시스템(TCS)'이라는 태그가 붙어 있는 거대한 시스템 앞으로 나를 데리고 갔다.

"TCS는 시간 공장의 핵심 시스템이다. 이 TCS에서 만들어진 77억 개의 오늘은 다음 프로세스인 포장 시스템(PS)으로 전달된다. 저 PS에서 77억 명의 이름이 쓰인 각각의 '골든 박스'에 담긴 오늘은 다음 프로세스인 배송 시스템(DS)으로 전달된다. 저 DS에서 77억 개의 골든 박스에 담긴 오늘은 세상에 있는 77억 명의 사람들에게 각각 배송된다."

"우와!"

나는 아무 말도 할 수 없었다. 0데시벨의 소리 없는 공장. 77억 개의 오늘. 골든 박스. 완전 정확. 완전 정밀. 완전 시스템……. 이런 말들이 내 마음속에 빛처럼 떠올랐다가 빛처럼 사라질 뿐이었다.

나는 제이 선생님에게 물었다.

"제이 선생님! 77억 개의 골든 박스를 돈으로 환산한다면 얼마나 될까요?"

"아이야! 시간을 돈으로 환산할 수 없다. 시간은 하늘의 것이고 돈은 세상의 것이니 호환 불가이다. 그렇기 때문에 세상의 돈으로 하늘의 시간을 살 수 없다."

나는 세속적이며 어리석은 질문을 했다는 생각에 금세 얼굴이 빨개졌다. 그러나 모든 것을 알며 나를 사랑하는 제이 선생님은 나를 격려했다.

"아이야! 괜찮다. 나는 질문과 질문하는 사람을 좋아한다. 흥미로운 너의 질문에 대해 내가 좀 더 대답할 말이 있다."

제이 선생님은 인자한 미소를 지으며 말했다.

"아무리 많은 돈을 주고도 시간을 살 수 없다. 그러나 너의 이해를 돕기 위해 77억 개의 골든 박스를 세상 돈으로 환산하며 9,240조 원이다. 계산은 간단하다. 시간은 금과 같다. 1g의 금은 5만 원. 한 시간을 1g의 금으로 환산하면 9,240조 원이다."

"우와! 그야말로 천문학적인 돈이네요."

나는 바로 다음 질문이 생각났다.

"제이 선생님! 그런데 왜 그 비싼 시간을 사람들에게 공짜로 주나요?"

"참 좋은 질문이구나. 사실 너의 질문에 대한 나의 대답이 이번 여행의 테마이다. 아이야! 시간은 생명이다. 시간이 있어야 생명이 있다. 그렇다면 왜 그 비싼 시간, 그 비싼 생명을 사람들에게 공짜로 줄까? 그 이유는 사랑하기 때문이다."

"제이 선생님! 사랑은 무한을 0으로도 0을 무한으로도 만들 수 있는 위대한 능력이네요. 저는 사랑을 사랑합니다."

"아이야! 네 말이 맞다. 그리고 나도 사랑을 사랑한다. 사람들은 모르는 것이 많다. 사랑도, 시간도, 생명도, 인생도, 죽음도, 마음도, 하늘도, 우주도…… 정확히 말하면 사람들은 아는 것이 거의 없다. 그런데 사람들은 그 모든 것을 아는 것처럼 말한다. 겸손하지 못한 사람들이 많다. 겸손해야 사랑이 보인다. 사랑을 알아야 인생을 안다. 시간을 만드는 에너지는 사랑이다."

내 인생의
프로젝트
매니저

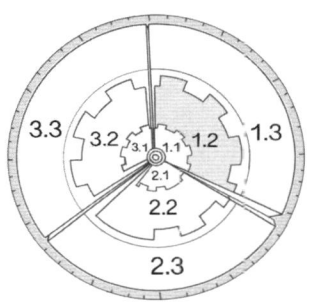

시간 소각장

제이 선생님은 슬픈 표정으로 말했다.

"그런데 사랑이 시간을 만든다는 사실을 세상에 많은 사람들이 모른다. 그 사람들은 사랑의 선물인 시간을 어떻게 받아야 하는지, 어떻게 써야 하는지, 어떻게 다뤄야 하는지 모른다. 나는 그 사람들이 불쌍하다. 그들은 모른다. 그들의 잘못을. 그리고 그 잘못에 대한 대가를. 아이야! 내 손을 잡

아라. 내가 너에게 보여줄 곳이 있다."

제이 선생님이 슬프니 나도 슬펐다. 제이 선생님과 나는 손을 잡고 하늘을 날아 불과 연기와 절망이 가득한 곳에 도착했다.

세상에! 하늘에 이런 곳이 있다니. 나는 이곳의 광경을 세상에서 세상 말로 세상 사람에게 전할 수 없다. 이곳은 세상 사람들이 상상할 수 없을 만큼 비참하고 끔찍한 곳이기 때문이다.

"여기는 너무 음침하고 무서워요. 저 활활 타오르는 불길을 보세요. 산더미처럼 쌓인 쓰레기들이 타고 있어요. 온통 쓰레기 타는 연기로 가득해요. 냄새가 너무 지독해서 도저히 숨을 쉴 수 없어요. 저기를 보세요. 희미해서 잘 보이지 않지만 저 불길 속에 있는 검은 무리들은 사람들 아닌가요? 저렇게 많은 사람들이 불길 속에서 뭔가를 계속 태우고 있어요. 불길과 연기 속에서 저렇게 고통스러워하면서 일을 하고 있어요. 제이 선생님! 저는 뜨겁고 냄새나고 무서운 이곳에 더 이상 있고 싶지 않아요. 제이 선생님! 여기서 빨리 나가게 해 주세요."

나는 제이 선생님의 팔을 잡아당기며 보챘다. 제이 선생님은 내 어깨를 가볍게 두드리며 말했다.

"여기는 세상 사람들이 버린 골든 박스를 매일매일 불태워 없애는 시간 소각장이다. 나도 이곳이 싫다. 그래서 우리는 이곳에 오래 머물지 않을 것이다. 그러나 나는 너에게 이곳을 보여주고 싶었다. 조금만 참아라. 그리고 똑똑히 보아라."

"그런데 저들은 여기서 무슨 일을 하는 거예요?"

"저들은 시간 쓰레기를 다 처리할 때까지 여기서 일을 해야만 한다. 그러나 세상 사람들이 버린 골든 박스가 시간 쓰레기로 매일매일 이곳에 쏟아져 들어오니 저들은 매일매일 그 쓰레기를 불태워 없애야 한다. 하루 종일 치워도 다음 날이면 또 쏟아져 들어온다. 더구나 세상 사람들이 버리는 시간 쓰레기의 양은 점점 늘어나고 있다. 만약 매일매일 쏟아져 들어오는 시간 쓰레기를 매일매일 처리하지 못하면 저들은 쓰레기 더미에 깔려 더 큰 고통을 받게 된다. 그래서 시간 쓰레기를 불태워 없애는 것이다. 이곳은 말 그대로 지옥이다."

제이 선생님은 눈물을 흘리고 있었다. 나는 제이 선생님이 연기 때문에 눈물을 흘리는지 저들이 불쌍해서 눈물을 흘리는지 몰랐다. 제이 선생님은 눈물을 닦으며 말했다.

"아이야! 사랑을 주는 것도 중요하지만 사랑을 받는 것도 중요하다. 정성스럽게 사랑을 받아야 한다. 나는 '정성스러움'이란 말을 참 좋아한다. 예를 들어 엄마가 사랑하는 아이에게 비싼 운동화를 선물했다고 하자. 아이는 엄마가 자기를 사랑하기 때문에 준 선물이라는 것을 알기 때문에 기쁘게 웃으며 엄마에게 '사랑해 줘서 고맙다'고 말한다. 아이가 행복하니 엄마도 행복하다. 아이의 행복이 엄마의 행복이다. 사랑의 선물을 받으며 감사하는 것이 첫 번째 정성스러움이다. 아이는 운동화를 신고 학교에도 가고 엄마와 산책도 하고 친구와 놀이도 한다. 사랑의 선물을 사랑하는 일에 사용하는 것이 두 번째 정성스러움이다. 아이는 운동화를 아침에 닦고 저녁에 털며 늘 새 운동화처럼 매니지먼트(Management)한다. 사랑의 선물을 소중하게 매니지먼트하는 것이 세 번째 정성스러움이다. 오늘을 정성스럽게 살아라. 감사하고 사랑하고 매니지먼트해라."

제이 선생님은 나를 보며 진지하게 말했다.

"세상에서 심은 대로 하늘에서 거둔다."

"세상에서 심은 대로 하늘에서 거둔다고요?"

"아이야! 세상에서 사랑의 선물인 오늘을 받을 때 감사하지 않으면 하늘에서 저들이 쓰레기로 거둔다. 너는 오늘을 감사해라."

"녜. 감사하겠습니다."

"아이야! 세상에서 사랑의 선물인 오늘을 사랑하는 일에 사용하지 않으면 하늘에서 저들이 쓰레기로 거둔다. 너는 오늘을 사랑해라."

"녜. 사랑하겠습니다."

"아이야! 세상에서 사랑의 선물인 오늘을 소중하게 매니지먼트하지 않으면 하늘에서 저들이 쓰레기로 거둔다. 너는 오늘을 매니지먼트해라."

"네. 매니지먼트하겠습니다."

"아이야! 감사. 사랑. 매니지먼트. 나는 네가 이 세 가지를 기억하길 바란다."

다시 나는 불길 속에서 고통스럽게 일하는 무리들을 보았다.

"제이 선생님! 그런데 저들은 여기에 왜 왔어요?"

"저들은 세상에 있을 때 감사, 사랑, 매니지먼트를 하지 않은 사람들이다. 세상에서 심은 대로 하늘에서 거둔다."

제이 선생님은 단호하게 말했다. 나는 두려웠다.

"제이 선생님! 솔직히 말하면 저는 지금까지 정성스럽게 살지 않았습니다. 감사하지 않고 사랑하지 않고 매니지먼트하지 않은 날들 투성이입니다. 제이 선생님! 저도 나중에 이곳으로 오나요? 제이 선생님! 저는 이곳에 오고 싶지 않아요."

"아이야! 나는 다 안다. 나는 너를 사랑한다. 나도 네가 이곳에 오지 않길 바란다. 그래서 내가 너에게 이곳을 보여주는 것이다. 이곳에 오지 않으려면 세상에 있을 때 세 가지를 해야 한다. 그 세 가지 일이 무엇일 것 같으냐?"

"감사. 사랑. 매니지먼트입니다."

"맞다."

"져이 선생님! 저는 지금까지 많은 잘못을 했습니다. 저는 시간을 받으면서 감사하지 않았고 제 욕심을 채우는 데 시간을 썼고 시간을 낭비하며 살았습니다. 저는 엄청난 양의 시간 쓰레기를 버린 사람입니다. 저는 하늘이 있는지도 시간 공장이 있는지도 시간 소각장이 있는지도 몰랐습니다. 제가 오늘 시간 소각장을 보고 알았으니 앞으로 시간 쓰레기를 버리지 않도록 최선을 다해 노력하겠습니다. 그러나 지금까지 저는 저들처럼 살았습니다. 용서해 주세요. 정말 잘못했습니다. 잘못을 고치고 지금부터 새롭게 살겠습니다. 감사. 사랑. 매니지먼트. 이 세 가지를 하며 살겠습니다. 제이 선생님!"

나는 제이 선생님의 품에 안겨 엉엉 울었다.

"아이야! 지금 너는 '회개 버튼'을 눌렀다. 네가 회개 버튼을 누른 순간 지난 잘못들은 모두 '0'이 되었다. 아이야! 축하한다. 너는 지금 새로워졌다."

"회개 버튼이요?"

"회개 버튼을 누르면 실시간으로 지난 잘못을 소멸하는 자동 리셋 기능이 작동된다. 리셋 되면 누구나 새로운 인생이 시작된다."

여전히 나는 제이 선생님의 품에 안겨 울고 있었다. 그러나 그사이 눈물은 변해 있었다. 차가운 눈물에서 뜨거운 눈물로. 슬픔의 눈물에서 기쁨의 눈물로 절망에서 희망으로.

"아이야! 이제 됐다. 이곳에서 나가자. 내 손을 잡아라."

나는 제이 선생님의 손을 잡고 시간 소각장에서 영원히 빠져나왔다.

내 인생의
프로젝트
매니저

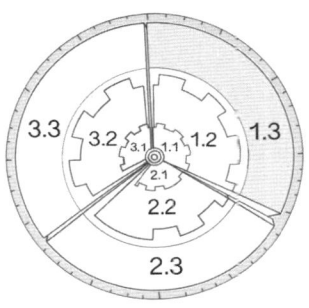

하늘 정원

제이 선생님은 내 손을 꼬옥 잡고 하늘을 날았다. 내가 본 하늘의 모습은 직접 보기 전에는 상상할 수도, 말할 수도, 그릴 수도 없는 아름다운 모습이었다. 성기 가득했다. 사랑 가득했다. 나와 기쁨 그리고 나와 평안은 하나였다. 이곳에 있는 모든 것과 나는 하나처럼 느껴졌다.

하늘에는 무한개의 아름다운 모습과 무한개의 아름다운

단어가 있었다. 그래서 나는 내가 본 하늘의 모습을 세상에서 세상 언어로 세상 사람들에게 알려 줄 수 없다. 사랑하는 사람들이 하늘의 모습을 언젠가 직접 보길 바랄 뿐이다.

제이 선생님은 웃으며 말했다.

"아이야! 다 왔다. 여기는 하늘 정원이다. 나는 너에게 이곳을 보여주고 싶었다."

끝없이 펼쳐진 꽃들의 정원. 무한개의 아름다운 모습과 무한개의 아름다운 단어로 가득한 하늘 정원. 처음 보는 꽃들이었지만, 하늘 정원의 꽃들은 내가 세상에서 본 어느 꽃보다 싱그럽고 아름다웠다.

나는 꽃들을 만져보고 싶어서 조금 더 가까이 다가가다가 깜짝 놀랐다. 꽃들이 저마다의 아름다운 얼굴로 웃으며 나에

게 인사했기 때문이다.

"제이 선생님! 꽃들이 웃고 있어요. 꽃들이 얼굴이 있어요. 꽃들이 말을 해요."

제이 선생님은 웃으며 고개를 가볍게 끄덕였다.

"아이야! 하늘 정원은 생명의 에너지로 가득하다. 하늘 정원에 있는 모든 것은 살아 있다. 살아 있는 모든 것은 웃는다. 꽃도 나비도 새도 모두 웃는다. 이곳은 좋은 곳이다. 이곳은 사랑밖에 없다. 이곳은 말 그대로 천국이다."

주변을 둘러보니 하늘 정원은 기쁨으로 가득했다. 제이 선생님도 웃고 꽃도 웃고 나비도 웃고 새도 웃고……. 하늘 정원은 웃음으로 가득했다. 따뜻하고 안락한 하늘 정원에서 나도 웃었다.

"제이 선생님! 저는 하늘 정원이 좋아요. 저는 이곳에서 살고 싶어요."

"아이야! 나는 네가 하늘 정원을 좋아할 줄 알았다. 네가 좋아하니 나도 좋다."

꽃들은 모두 아름다웠지만 모두 달랐다. 헤아릴 수 없이 많은 꽃들은 저마다의 이름을 가지고 있었다.

나는 제이 선생님에게 물었다.

"제이 선생님! 꽃에 이름이 있네요?"

제이 선생님은 대답했다.

"아이야! 세상에서 심은 대로 하늘에서 거둔다. 하늘 정원에 있는 꽃 한 송이는 세상에서 보낸 의미 있는 하루이다. 그 하루의 의미가 그 꽃의 이름이 된다."

제이 선생님은 꽃들을 어루만지며 말했다.

"아이야! 오늘 네가 세상에서 감사하면 하늘 정원에 아름다운 한 송이 꽃이 핀다. 너는 매일 감사해라."

"네. 감사하겠습니다."

"아이야! 오늘 네가 세상에서 사랑하면 하늘 정원에 아름다운 한 송이 꽃이 핀다. 너는 매일 사랑해라."

"네. 사랑하겠습니다."

"아이야! 오늘 네가 세상에서 매니지먼트하면 하늘 정원에 아름다운 한 송이 꽃이 핀다. 너는 매일 매니지먼트해라."

"네 매니지먼트하겠습니다."

"아이야! 나는 하늘 정원에 아름다운 꽃들이 가득 피어나길 바란다."

"제이 선생님! 저에게 하늘 정원을 보여줘서 고맙습니다. 하늘 정원을 보니 삶에 대한 허무감과 죽음에 대한 두려움이 사라졌습니다."

제기 선생님은 웃으며 말했다.

"아이야! 그래서 내가 너에게 하늘 정원을 보여주는 것이다. 구화과나무는 꽃이 없는 것처럼 보이지만 열매 안에서 꽃을 피운다. 인생도 마찬가지이다. 감사하며 사랑하며 매니지먼트한 하루는 그냥 지나간 것처럼 보이지만 하늘 정원에서 꽃을 피운다. 그 사실을 모르는 사람들은 삶에 대한 허무감과 죽음에 대한 두려움에 절망한다. 세상에 하늘 정원이 있다는 사실을 모르는 사람들이 많다. 아이야! 너의 오늘을 시간 소각장으로 보내느냐 하늘 정원으로 보내느냐는 너의 선택이다."

Chapter 2

선택의 방

내 인생의
프로젝트
매니저

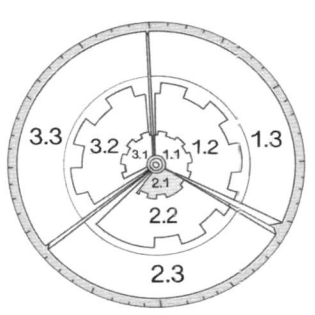

경쟁하지 말고 창조하라

제이 선생님은 나에게 물었다.

"아이야! 지금 몇 시냐?"

나는 하늘 시계를 보며 말했다.

"2.1시예요."

제이 선생님은 나에게 말했다.

"아이야! 세 시간의 하늘 여행도 벌써 중반이구나."

제이 선생님은 말을 이었다.

"아기야! 인생은 선택이다. 좋은 것이 좋은 것이다. 좋은 것을 선택해라. 그러면 인생이 좋아진다."

"인생은 선택이라고요?"

"맞다. 인생은 자기의 삶을 하나의 작품으로 만드는 시간이다. 모든 사람은 작가이다. 자기의 인생을 어떤 작품으로 만드냐에 따라 훌륭한 작가가 되기도 하고 엉터리 작가가 되기도 한다. 명작 인생도 있고 졸작 인생도 있다. 명작 인생이 좋은 것이다. 모든 사람은 시간 공장에서 만든 시간을 동일하게 받는다. 그러나 작가가 그 시간에 어떤 작품을 만드냐에 따라 명작 인생을 만들기도 하고 졸작 인생을 만들기도 한다. 사람의 창조 기술은 선택의 기술이다. 선택의 기술이란 주어진 옵션 중에서 좋은 것을 고르는 기술이다. 좋은 게 좋은 것이다. 좋은 것을 선택해라. 인생의 진로에 영향을 주는 두 가지는 사람과 상황이다. 좋은 사람과 좋은 상황을 선택해라. 그러면 좋은 인생을 만들 수 있다."

"사람과 상황이요?"

"맞다. 사람과 상황이 한 사람의 인생에 가장 큰 영향을 미친다. 그러니까 좋은 사람과 좋은 상황을 선택해라. 좋은 것이 좋은 것이다."

나는 고개를 끄덕였다.

"아이야! 좋은 인생을 만드는 한 가지 방법을 더 알려 주겠다. 자기를 남과 비교하지 말아라. 비교는 열등감 아니면 우월감을 만들 뿐이다. 열등감이나 우월감은 좋은 감정이 아니다. 그러니까 남과 비교하는 것은 나쁜 것이다. 인생은 남과 경쟁하는 시간이 아니다. 경쟁하지 말고 창조해라. 인생은 만들어 나가는 것이다. 창조는 독특한 작품을 만드는 것이다. 각각의 사람은 이미 독특한 존재이다. 그러니 자기가 가진 것으로 자기의 인생을 만들어 나가면 독특한 작품이 된다. 모두 아인슈타인이 될 필요는 없다. 아인슈타인은 아인슈타인이고 너는 너다. 각자가 자기 인생을 자기 스타일대로 만들어 나가면 된다. 인생은 만들어 나가는 것이다. 너의 인생을 좋은 작품으로 만들어 나가라. 좋은 선택이 모여 좋은 작품이 된다."

나는 사람과 상황에 대한 선택이 중요하다는 말을 듣고 지난날 사람과 상황을 잘못 선택해서 고생했던 기억들이 떠올랐다. 인생은 선택의 연속이다. 선택에 따라서 인생이 달라진다. 세상에는 선택할 문제들이 참 많다.

나는 제이 선생님에게 물었다.

"하늘에서도 선택할 문제들이 많나요?"

제이 선생님은 나의 얼굴을 보며 말했다.

"하늘에서는 딱 한 번의 선택이 있다. 선택의 방에서. 아이야! 내 손을 잡아라. 선택의 방으로 가보자."

제이 선생님은 나의 손을 잡고 드넓은 하늘 정원 위를 날

았다. 나는 하늘의 동서남북을 알 수 없었다. 나는 오직 제이 선생님을 의지할 뿐이었다. 제이 선생님의 손은 언제나 따뜻하고 부드러웠다. 나는 제이 선생님의 손을 잡고 하늘을 나는 것이 참 좋았다. 우리는 그렇게 손을 잡고 한참을 날았다.

내 인생의
프로젝트
매니저

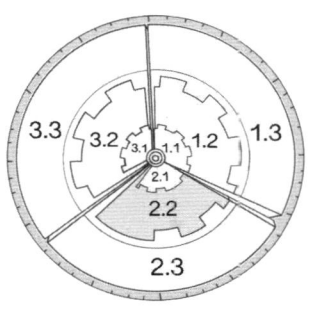

무엇을 하다 왔느냐

"아이야! 다 왔다. 이곳이 선택의 방이다."

따뜻한 하늘 정원에 있다가 이 방에 오니 서늘한 기운이 느껴졌다. 이 방은 벽이며 바닥이며 문이 온통 흰색 돌로 만들어졌다. 심지어 방 한가운데 놓인 높은 의자와 의자 뒤에 걸린 액자까지도.

"제이 선생님! 이곳은 엄청 엄숙한 곳이네요? 방 안 가득

긴장감이 흘러요."

"이 방은 세상에서 하늘로 오는 사람이 가장 먼저 들르는 곳이다."

제이 선생님은 높은 의자에 자연스럽게 앉으며 말했다.

"제이 선생님! 그 의자는 제이 선생님과 잘 어울려요."

"그래? 고맙다. 이 의자는 내 의자이다. 아주 오래 쓴 의자이고 아주 오래 쓸 의자이다."

이 방의 왼쪽과 오른쪽에 정교하고 튼튼한 문이 하나씩 있었다. 제이 선생님은 오른손으로 내 왼쪽에 있는 문을 가리키며 물었다.

"아기야! 네 왼쪽에 있는 어두운 문에 뭐라고 쓰여져 있냐?"

나는 왼쪽 문의 문고리 옆에 쓰여진 글자를 또박또박 읽었다.

"시. 간. 소. 각. 장."

제이 선생님은 왼손으로 내 오른쪽에 있는 문을 가리키며 물었다.

"아이야! 네 오른쪽에 있는 밝은 문이 뭐라고 쓰여 있냐?"

나는 오른쪽 문의 문고리 옆에 쓰인 글자를 또박또박 읽었다.

"하. 늘. 정. 원."

순간 내 온몸에는 소름이 돋았다. 정확히 말하면 모든 머리카락과 몸에 있는 모든 털들이 바짝 서는 느낌이었다.

제이 선생님은 나를 보며 조용히 물었다.

"아이야! 내가 이곳에 오기 전에 너에게 시간 소각장과 하늘 정원을 왜 보여줬는지 이제 알겠냐?"

나는 고개를 살짝 끄덕이며 간신히 입을 열었다.

"네."

"아이야! 모든 사람은 세상에서 하늘로 오는 날에 딱 한 번 이 방으로 들어온다. 그리고 저 어두운 문과 밝은 문 중에 한쪽 문으로 나간다. 문고리가 보이지? 문고리가 나가는 쪽에만 있기 때문에 한 번 나가면 절대로 되돌아올 수 없다."

제이 선생님은 내 예상을 정확히 정리해주었다. 내 예상이 맞자 나는 갑자기 궁금한 것이 많아졌다. 마치 밀리는 고속도로에 범퍼와 범퍼가 맞닿아 늘어선 자동차들처럼 나의 질문거리들이 줄을 이었다. 제이 선생님은 그런 나의 마음을 알고 나에게 말했다.

"아이야! 네가 궁금한 것을 나에게 하나하나 정확하게 질문해라. 이 방에서 정확성은 매우 중요하다. 매우 신중해야 하는 방이다. 나도 이 방에 들어오면 그 어느 때보다 진지하다. 그러니 서두르지 말아라. 이 방에서 2.3시까지 너와 이야기를 나눌 테니 하나하나 정확하게 질문해라. 너에게 하늘 비밀을 알려줄 테니 좋은 질문을 많이 하길 바란다."

나는 까먹지 않기 위해 제일 먼저 생각했던 질문을 했다.

"제이 선생님! 시간 소각장으로 가는 문이나 하늘 정원으로 가는 문이나 한 번 나가면 되돌아올 수 없다고 했는데 혹시 예외는 없습니까?"

"없다."

나의 긴 질문에 제이 선생님은 간결하게 대답했다. 얼마나 단호한 대답이었던지 범퍼 투 범퍼처럼 줄지었던 질문들이 하나도 생각나지 않았다. 나는 크게 심호흡을 하며 마음을 가다듬었다.

"제이 선생님! 사람이 죽으면 이 방으로 오나요?"

"맞다. 이 방은 세상의 끝 하늘의 시작 지점에 있다. 마치 강과 바다가 만나는 지점 같은 곳이다. 삶과 죽음은 맞닿아 있다. 좀 더 정확히 표현하면 강과 바다가 하나이듯이 삶과 죽음은 하나이다. 강의 끝이 바다의 시작이듯이 세상의 끝이 하늘의 시작이다. 그러나 세상에는 죽음이 끝이라고 생각하는 어리석은 사람들이 많다. 죽음은 유한한 인생의 끝이기도 하지만 영원한 삶의 시작이기도 하다. 세상의 삶과 하늘의 삶은 연결되어 있다. 죽음은 세상의 삶과 하늘의 삶을 용접하는 한순간의 불꽃이다. 그러니 죽음보다 삶이 중요하다. 저기 있는 왼쪽 문으로 들어갈 사람들은 마음속에 삶에 대한 허무감과 죽음에 대한 두려움이 가득하지만 오른쪽 문으로 들어갈 사람들은 마음속에 믿음과 희망 그리고 사랑이 가득하다. 세상에 있을 때 하늘을 보며 하늘이 있다는 것을 알았다면 그 사람은 이 선택의 방이 있다는 힌트를 얻었을 것이다. 그러나 세상에 있는 많은 사람들은 이 방의 존재를 모른다. 그 사람들은 세상의 끝날 하늘의 첫날에 이 방에 와 보고서야 이 방의 존재를 알게 되지. 그러나 늦었지."

제이 선생님은 양쪽 문을 가리키며 내게 물었다.

"아이야! 다시 양쪽 문들을 봐라. 어느 쪽 문이 좁은 문이냐?"

나는 고개를 돌려 왼쪽 문과 오른쪽 문을 번갈아 보며 말했다.

"오른쪽 문이요. 왼쪽 문은 넓은데 오른쪽 문은 좁아요."

하늘의 원칙

1. 하늘은
   그 사람이 믿는 대로 되도록 돕는다.

2. 하늘은
   스스로 돕는 사람을 돕는다.

3. 하늘은
   그 사람이 심은 대로 거두도록 돕는다.

"맞다. 왼쪽 문을 넓게 설계하고 오른쪽 문을 좁게 설계한 이유가 있다. 왼쪽 문으로 들어가는 사람들이 많고 오른쪽 문으로 들어가는 사람들은 적기 때문이다."

나는 제이 선생님이 앉은 높은 의자 뒤에 걸린 커다란 액자를 보며 물었다.

"제이 선생님! 저 액자는 뭐예요?"

"하늘의 원칙을 써 놓은 액자이다. 아이야! 네가 정확하게 읽어 보아라."

나는 또박또박 읽었다.

"하늘의 원칙. 1. 하늘은 그 사람이 믿는 대로 되도록 돕는다, 2. 하늘은 스스로 돕는 사람을 돕는다, 3. 하늘은 그 사람이 심은 대로 거두도록 돕는다."

나는 웃으며 말했다.

"제이 선생님! 많이 들어본 말들인데요? 나는 이 말들이 어느 나라 속담이거나 유명한 사람들의 어록인 줄 알았어요. 지금 보니 하늘의 원칙이었네요? 그런데 하늘의 원칙이 너무 단순한 거 아닌가요?"

"아이야! 하늘의 원칙은 단순하다. 그러나 단순한 것이 강력한 것이다. 원칙은 원리이다. 하늘의 원리를 알고 삶에 적용하던 좋은 인생을 만들 수 있다. 아이야! 그런데 하늘의 원칙에 대해 네가 정확히 알아야 할 것이 있다. 세 개의 원칙에 하늘은 '무엇'을 한다고 쓰여 있냐?"

나는 액자에 쓰인 글자들을 유심히 보며 대답했다.

"하늘은… 돕는다. 돕는다고 쓰여 있어요."

"정확하다. 그렇다면 누가 믿어야 하고, 노력해야 하고, 심어야 한다는 말이냐?"

"자기 자신입니다."

"정확하다."

"저이 선생님! 그러면 인생의 선택권이 자기 자신에게 있다는 말인가요?"

"좋은 질문이다. 인생에는 하늘이 정한 '운명 아이템'과 자기 자신이 선택할 수 있는 '자유 아이템'이 있다. 자기 자신에게도 인생의 선택권이 있다는 말이다. 왜냐하면 그 사람 스스로 그 사람의 인생을 만들어 나갈 수 있도록 하늘이 그 사람에게 선택권을 주었기 때문이다. 자유 아이템은 자기 자신의 의지에 따라 선택할 수 있다. 그러니까 인생은 하늘이 모든 것을 정해 놓은 것만도 아니고 자기 자신의 뜻대로 모든 것을 이룰 수 있는 것만도 아니다. 인생에는 이미 정해진 것도 있지만 아직 정해지지 않은 것들도 많다. 아직 정해지지 않은 것들을 자기 자신이 선택해 나가는 과정이 인생이다. 운명 아이템과 자유 아이템 중에 자기 자신이 선택할 수 있는 것은 자유 아이템이니, 적극적인 사람은 자유 아이템에 집중한다. 적극적인 사람은 긍정적인 사람이며 최선을 다해 노력하며 자기의 인생을 좋은 작품으로 만들어 가는 사람이다. 나는 적극적인 사람을 좋아한다. 적극적인 사람의 주특기는 도전이다. 반면에 소극적인 사람은 운명 아이템에 빠져 있는 사람이다. 선택과 노력을 통해 자기의 인생을 더 좋은 작품으로 만들 수 있음에도 불구하고 자유 아이템이라는

인생의 기회를 버리는 사람이다. 그런 사람의 주특기는 시간 낭비이다. 나는 그런 사람이 안타깝다. 인생은 자유 아이템들로 가득하다. 심지어 적극적인 사람이 될 것인가 소극적인 사람이 될 것인가도 자기 자신이 선택할 수 있는 자유 아이템이다. 인생은 선택의 시간이다. 그러므로 인생은 자기 인생을 좋은 작품으로 만들어 나가는 창조의 시간이다."

나는 올바른 선택과 최선의 노력이 인생을 좋은 작품으로 만드는 방법이라는 사실을 알았다. 나는 내 인생을 반드시 좋은 작품으로 만들겠다고 마음속으로 다짐했다.

나는 제이 선생님에게 다음 질문을 했다.

"제이 선생님! 그 사람이 왼쪽 문과 오른쪽 문 중에 어느 문으로 들어갈지 어떻게 결정하나요?"

"백 점짜리 인생이나 빵점짜리 인생은 없다. 그러니 나는 이 방에서 그 사람과 인터뷰를 한다. 이 방 안에서는 100% 정직만 통한다."

높은 의자에 앉은 제이 선생님은 이 방을 한 바퀴 둘러보며 말했다.

"이 방에는 데이터 센터가 있다. 모든 사람들의 모든 인생 데이터가 실시간으로 기록된다. 음성 데이터, 영상 데이터, 문자 데이터, 숫자 데이터 모두가. 데이터 신뢰도는 100%이다. 그 사람이 세상에서 하늘로 오는 날에 모든 데이터는 정확하게 분석되어 인터뷰 정보로 활용된다. 나는 그 사람에 대해서 그 사람보다 더 많이 그리고 더 정확하게 알고 있다. 인터뷰 때 나는 그 사람에게 딱 한 가지 질문만 한다. 나는 그 질문에 대한 그 사람의 대답에 따라 그 사람이 어느 문으로 들어갈지 선택한다. 그러면 내가 선택한 문이 열리고 열린 문으로 그 사람이 들어가면 문은 닫힌다. 그러면 끝이다."

나는 세상에서 내가 하는 모든 말과 행동이 어딘가에 기록되고 있다는 상상을 한 적이 있다. 그런데 정말 모든 사람들의 모든 인생 데이터가 실시간으로 하늘에 있는 데이터 센터에 기록되고 있었던 것이다.

나의 모든 것을 아는 제이 선생님이 나에게 말했다.

"아이야! 모든 사람의 인생 데이터를 하늘에 있는 데이터 센터에 기록하는 것이 마음에 들지 않지? 그런데 왜 그 모든 데이터를 기록하는지 아냐?"

나는 내 마음을 제이 선생님에게 들킨 것 같아 부끄러웠다. 그러나 나는 솔직하게 대답했다.

"왼쪽 문을 여는 증거로 쓰려고요?"

제이 선생님은 고개를 가로저으며 말했다.

"틀렸다. 판정 때문이 아니라 사랑 때문이다. 엄마가 사랑하는 아이의 자라는 모습을 육아 일기나 성장 앨범에 기록하는 것과 같은 이유이다. 그 아이가 언제 무슨 잘못을 했는지 증거를 수집하기 위해 육아 일기나 성장 앨범을 기록하는 엄마는 없다. 아이가 예쁘고 사랑스러우니까 기록을 남기는 것이다."

제이 선생님의 비유는 정확했다. 나의 기분은 나아졌으나 아직 말끔하지 않았다. 내 마음을 다 아는 제이 선생님은 나에게 말했다.

"아이야! 회개 버튼을 기억하냐? 사랑하기 때문에 만든 장

치가 바로 회개 버튼이다. 회개 버튼을 누르면 자동 삭제 기능이 작동되어 그때까지 데이터 센터에 기록된 그 사람의 잘못이 모두 삭제된다. 잘못했던 행동, 잘못했던 말, 잘못했던 생각에 대한 데이터들이 모두 지워진다. 매일 잠들기 전에 회개 버튼을 누르는 사람이 있다. 그 사람은 매일 리셋되니 매일 새로워진다. 나는 그 사람이 지혜롭다고 생각한다. 아이야! 잠들기 전에 회개 버튼을 눌러라. 그러면 세상에서 가벼워지고 하늘에서 깨끗해진다."

제이 선생님은 사랑스러운 눈으로 나를 보며 말했다.

"아이야! 나는 너를 사랑한다. 사랑하기 때문에 데이터 센터에 너의 인생 데이터를 기록하고 있었다. 나는 너를 사랑한다. 사랑하기 때문에 회개 버튼을 만들었다. 아이야! 나는 너를 사랑한다. 너는 나를 사랑하냐?"

나는 더 이상 부끄럽지도 않고 기분이 나쁘지도 않았다. 나에 대해 나보다 더 많이 그리고 더 정확하게 알고 있는 제이 선생님이 있다는 사실, 언제든지 내가 회개 버튼을 누르면 그때까지의 모든 잘못이 지워진다는 사실, 무엇보다도 제이 선생님이 나를 사랑한다는 사실 때문에 나는 사슬을 끊고 자유를 얻은 기분이었다.

나는 제이 선생님에게 정확하게 말했다.

"저는 제이 선생님을 사랑합니다."

그 순간 이 선택의 방에서 내가 제이 선생님에게 해야 할 가장 중요한 질문이 생각났다.

"제이 선생님! 그 하나의 질문이 뭐예요? 이 방에 오는 사람에게 묻는 단 하나의 질문이요?"

제이 선생님은 의자의 양쪽 팔걸이에 팔을 가지런히 내려놓았다. 그리고 정확하게 말했다.

"무엇을 하다 왔느냐?"

그 한마디의 질문이 선택의 방에 천둥소리처럼 울려 퍼졌다. 순간 나는 하늘이 무너지는 것 같은 느낌에 몸을 움츠렸다.

그 하나의 질문. 인생을 관통하는 그 질문. 정곡을 찌르는

그 질문. '무엇을 하다 왔느냐?'

지금 나는 세 시간의 하늘 여행자 신분이다. 그런데 문득 이런 생각이 들었다.

'만약 지금 제이 선생님이 나에게 세상에 살면서 무엇을 하다 왔느냐고 묻는다면 나는 제이 선생님에게 뭐라 대답할 수 있을까?'

나는 한참을 서서 생각했다. 그러나 나는 대답할 말을 찾지 못했다. 몇 가지 대답거리가 떠올랐지만 그것들은 모두 무엇을 하다 왔느냐는 엄정한 질문에 대한 적정한 대답이 아니었다.

그런 나를 보며 제이 선생님은 말했다.

"아이야! 이 방에서 그 질문을 받은 많은 사람들은 아무런 대답을 하지 못하고 지금 너처럼 그냥 그렇게 서 있다. 분명히 세상에 사는 동안 무엇을 하다가 왔을 텐데 무엇을 하다 왔다고 한마디로 말을 못 한다. 그 '무엇'이라는 한마디, 나는 그 한마디를 듣고 싶은데 말이다. 세상만 있는 줄 알았던 사람들. 하늘이 있다고 힌트를 계속 줬음에도 불구하고 하늘은 없다고 고집을 부리며 살던 사람들. 세상에서 하늘로 올 준비를 하지 않은 사람들. 이 방이 있다는 것을 몰랐던 사람들. 끝 있는 세상을 끝없는 세상으로 착각하며 산 사람들. 그 '무엇'도 없이 이 방에 온 사람들이 많다. 인생은 무엇을 하다 왔느냐는 질문에 대한 한마디의 대답을 만드는 프로젝트이다. 그 '무엇'이 그 사람의 인생이다. 그 '무엇'이 그 사람 인생의 의미이다. 그 '무엇'이 그 사람 인생의 이름이다."

문득 나는 사랑하는 사람들이 생각났다.

'그들은 하늘이 있다는 사실을 알까? 그들은 이 방이 있다는 사실을 알까? 그들은 이 하나의 질문을 받게 된다는 사실을 알까? 그들은 이 하나의 질문에 무엇이라 대답할까? 그들은 이 하나의 질문에 대한 대답을 준비하며 살까?'

내 마음속에 이런 질문들이 솟구쳐 올라왔다. 나는 이 연이은 질문들에 사랑하는 한 사람 한 사람을 빠르게 대조해 보았다. 그러나 나는 고개를 가로저을 수밖에 없었다.

'아니야. 그들도 모를 거야. 내가 몰랐던 것처럼.'

내 인생의
프로젝트
매니저

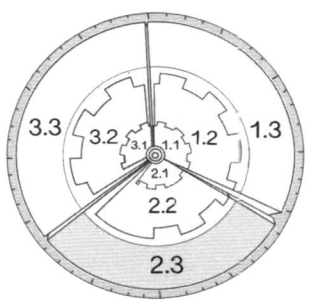

사랑하다 왔습니다

제이 선생님은 내 마음과 내 모습을 보고 있었다.

"아이야! 내가 너를 이 방에 데리고 온 이유를 알겠냐?"

나는 사랑하는 사람들 걱정 때문에 제이 선생님의 질문을 놓쳤다.

"아이야! 내가 너를 이 방에 데리고 온 이유를 알겠냐?"

제이 선생님은 나에게 부드럽게 다시 한번 물었다. 나는 슬픈 표정으로 나도 모르게 엉뚱한 대답을 하고 말았다.

"너무 어려워요."

나를 다 아는 제이 선생님은 높은 의자에서 내려와 내 옆으로 다가왔다. 그리고 오른손을 내 오른쪽 어깨 위에 올리고 왼손으로 차가워진 내 손을 잡았다. 제이 선생님의 손은 따뜻하고 부드러웠다.

"아이야! 내가 너를 이 방에 데리고 온 이유를 알겠냐? 그 이유는 내가 너를 사랑하기 때문이다. 그리고 내가 네가 사랑하는 사람들을 사랑하기 때문이다. 아이야! 세상에 있는 사람들에게 알려 줘라. 하늘이 있다고. 이 방이 있다고. 하나의 질문이 있다고. 내가 너를 사랑하는 것과 같이 너도 그 사람들을 사랑해라. 네가 그 사람들을 사랑한다면 그 사람들에게 이 사실을 알려 줘라."

일상에서 흔히 쓰는 단어이지만 문득 그 단어가 낯설게 느껴질 때가 있다. 분명히 아는 단어이지만 누군가 그 단어의 뜻을 물으면 선뜻 명료하게 대답할 수 없는 그런 단어 말이다. 문득 나는 사랑이라는 단어가 낯설게 느껴졌다. 나는 제이 선생님에게 물었다.

"제이 선생님! 사랑이 뭐예요?"

제이 선생님은 사랑스러운 눈으로 나를 보며 말했다.

"아이야! 사랑이란 그 사람이 잘되도록 정성스럽게 돕는 것이다. 사랑이 뭔지 몰라서 사랑에 서툰 사람들이 많다. 사랑하면서 자기가 사랑하는 줄 모르는 사람도 많다. 그렇다면 왜 사랑해야만 할까? 모든 사람은 이기적이기 때문이다. 아무리 이타적인 사람도 이기적이다. 그렇기 때문에 사람에게 사랑만큼 귀한 것은 없다. 여행에서 남는 것은 사진밖에 없듯이 인생에서 남는 것은 사랑밖에 없다. 그래서 이 선택의 방에서의 관심사는 오직 사랑밖에 없다. 그 누구도 이 방에 돈과 같은 세상의 것을 가져올 수 없다. 가져올 수 있는 것은 오직 사랑밖에 없다. 세상에 있을 때 자기를 사랑해라. 스스로를 제어(Self-control)하는 일이 자기 사랑이다. 세상에 있을 때 가족을 사랑해라. 가족 한 사람 한 사람에게 좋은 친구가 되어주는 일이 가족 사랑이다. 세상에 있을 때 이해관계자들인 이웃을 사랑해라. 친구, 온라인 또는 오프라인으로 만나는 사람들, 비즈니스와 직간접적으로 관계있는 모든 사람들이 이웃이다. 이웃의 것을 빼앗아 자기 욕심을 채우는 일은 인생 낭비이다. 그래 봤자 남는 게 없다. 이 방에는 아무것도 가져올 수 없다. 남는 것은 오직 사랑이다. 그 사람들에게 필요한 것을 주는 일이 이웃 사랑이다. 아이야! 인생은 나와 가족 그리고 이웃을 사랑하는 시간이다."

'인생은 나와 가족 그리고 이웃을 사랑하는 시간'이라는 제이 선생님의 말에 나는 정신이 번쩍 들었다.

나는 나지막한 소리로 혼잣말을 했다.

'제이 선생님의 말이 맞아. 지금까지 나는 너무 이기적으로 살았어. 이기적으로 사는 것은 인생의 시간을 낭비하는 것이야. 이 방에 와 보니 알겠어. 남는 것은 사랑밖에 없다는 것을.'

제이 선생님은 나를 보며 물었다.

"아이야! 너는 하늘 여행자 신분이다. 그래서 지금 너에게 무엇을 하다 왔느냐고 묻지 않겠다. 그런데 너는 나중에 이 방에 와서 그 질문에 뭐라고 대답하고 싶냐?"

나는 고심했다. 그리고 나는 결정했다. 나는 마음속에 있는 그 대답이 나의 솔직한 대답인지 자문했다. 대답은 'Yes!'였다.

나는 용기를 내어 마음속 그 대답을 큰 소리로 외쳤다.

"사랑하다 왔습니다!"

나의 그 대답은 하늘에 울려 퍼졌다.

"제이 선생님! 저는 나중에 이 선택의 방에 와서 '사랑하다 왔습니다'라고 대답할 것입니다. 저는 오늘부터 이 방에 오는 날까지 저 스스로와 가족 그리고 이웃을 사랑하겠습니다. 세상에서 제가 할 일은 사랑입니다."

제이 선생님은 말없이 나에게 다가와 팔을 벌려 나를 꼬옥 안아 주었다. 순간 나는 제이 선생님의 눈물을 보았다. 그 눈물은 만족의 눈물이었다. 나는 제이 선생님의 품에 안겨 한참을 울었다.

Chapter 3

매니지먼트 스쿨

내 인생의
프로젝트
매니저

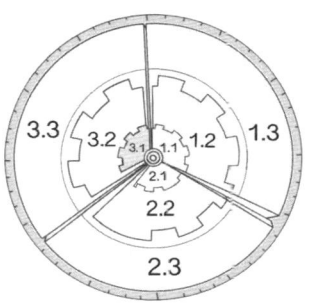

인생은 30,000일 프로젝트

"아이야! 지금 몇 시냐?"

"3.1시입니다."

"이제 세 시간의 하늘 여행을 마무리할 때가 되었구나."

"벌써요?"

"그래. 시간은 빠르다."

"제이 선생님! 시간은 얼마나 빨라요?"

"하르의 속도는 지구의 자전 속도와 같다. 초속 465m이다. 시간은 눈에 보이지 않는다. 그래서 조심하지 않으면 시간을 낭비하기 쉽다. 시간을 낭비하지 않으려면 매니지먼트 해야 한다. 아이야! 오늘이 인생이다. 내가 너에게 오늘을 매니지던트하는 방법을 알려 주겠다. 내 손을 잡아라. 매니지먼트 스쿨로 가자."

제이 선생님은 내 손을 잡고 날아올랐다. 잠시 후 우리는 학교에 도착했다. 그곳에는 화이트보드, 마커 펜, 지우개가 있었고 책상 하나와 의자 하나 그리고 종이, 연필, 계산기가 그 책상 위에 놓여 있었다.

"아이야! 여기는 매니지먼트를 가르치는 학교이다."

"매니지먼트는 회사에서나 하는 일이 아닌가요?"

"아이야! 매니지먼트는 누구에게나 필요하다. 내가 너에게 오늘을 매니지먼트하는 방법을 차근차근 알려줄 테니 그 의자에 앉아라."

제이 선생님은 화이트보드 앞에 서고 나는 의자에 앉았다. 나는 제이 선생님에게 물었다.

"제이 선생님! 왜 오늘을 매니지먼트해야 하나요?"

제이 선생님은 마커 펜을 집어 들어 화이트보드에 썼다.

왜?

"아이야! 참 좋은 질문이다. 나는 '왜?'라는 질문을 좋아한다. '왜?'라는 질문은 훌륭한 질문이다. 그리고 어떤 질문보다 먼저 해야 하는 질문이다. 나는 너처럼 본질과 원리를 알려는 사람을 좋아한다."

제이 선생님은 나를 칭찬하며 웃었다. 나는 제이 선생님의 따뜻한 칭찬과 웃음을 좋아한다. 나는 기분이 좋았다.

제이 선생님은 화이트보드에 썼다.

매니지먼트

"아이야! 만약 어떤 것이 소중하다면 너는 그 소중한 것을 매니지먼트해야 한다. 매니지먼트는 소중한 것을 낭비하지 않기 위해 하는 일이다. 오늘은 소중하다. 오늘이 바로 인생이다. 하루가 모여 인생이 된다. 즉, 인생의 단위는 하루이다. 시간은 눈으로 볼 수 없다. 하루는 초속 465m의 빠른 속도로 지나가기 때문이다. 오늘을 매니지먼트하지 않는 것은 오늘을 담은 골든 박스를 시간 소각장에 버리는 것과 같다."

제기 선생님은 매니지먼트의 필요성을 열정적으로 강조

했다.

제이 선생님은 나에게 물었다.

"아이야! 매니지먼트란 무엇이냐?"

"제이 선생님! 저는 사이언스는 잘 알지만 매니지먼트는 잘 모릅니다."

제이 선생님은 화이트보드에 썼다.

매니지먼트는 사이언스

"아이야! 매니지먼트는 사이언스이다."

사이언스 선생님인 나는 그 말을 듣고 깜짝 놀라며 제이 선생님에게 물었다.

"매니지먼트는 사이언스라고요?"

제이 선생님은 머리를 끄덕이며 말했다.

"아이야! 야구 좋아하지? 야구는 '기록의 스포츠'이다. 모든 경기 내용과 선수 활동을 데이터로 기록한다. 데이터는 매니지먼트의 재료이다. 매니지먼트는 데이터로 하는 것이다. 매니지먼트는 사이언스이다. 그래서 너의 책상 위에 종이와 연필 그리고 계산기를 올려놓았다."

제이 선생님은 화이트보드에 '플랜 두 씨(Plan Do See)' 그림을 그린 후 그 위에 '오늘 매니지먼트'라고 썼다.

오늘 매니지먼트

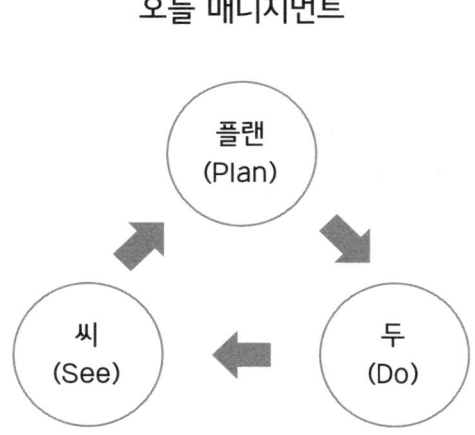

"아이야! 오늘을 디자인하고, 디자인대로 실행하고, 디자인대로 실제 이루어지는지 보며 다듬어 나가는 일이 '오늘 매니지먼트'이다. 오늘을 디자인하는 '플랜(Plan)', 디자인대로 실행하는 '두(Do)', 디자인대로 실제 이루어지는지 보며 다듬어 나가는 '씨(See)'. '플랜 두 씨'가 매니지먼트이다. 집을 지을 때 우선 지을 집을 디자인하고 그 디자인대로 작업을 하고 디자인대로 실제 지어지고 있는지 보며 다듬어 나가는 일과 같다. 그렇게 새로운 오늘을 만들어 나가는 것이다. 아이야! 창조의 과정은 '플랜 두 씨'이다. 좋은 집을 창조하려면 '플랜 두 씨'를 잘해야 하듯이 좋은 오늘을 창조하려면 '플랜 두 씨'를 잘해야 한다. 그런데 두와 씨의 기준은 플랜이므로 오늘 매니지먼트에서 오늘을 디자인하는 일이 매우 중요하다."

제이 선생님은 화이트보드에 썼다.

D데이는 온다

"아이야! 너는 몇 살까지 살 것 같냐?"

"모르겠습니다."

"아이야! 네가 몇 살까지 살 것인지 모르는 것이 맞다. 모든 사람은 템퍼러리(Temporary) 인생을 살고 있다. 인생은 시작이 있고 끝이 있는 하나의 프로젝트이다. 인생의 첫날을 B데이(Birthday)라 하고 인생의 끝 날을 D데이(Deathday)라 한다. 자기의 B데이는 알지만 자기의 D데이를 아는 사람은 세상에 없다. 시간을 주관하는 곳은 시간 공장이 있는 하늘이다. D데이는 하늘이 정한다. 오늘을 담은 골든 박스를 언제까지 받을지 아는 사람은 세상에 없다. 시간은 하늘이 사람에게 주는 사랑의 선물이다. 하늘이 줘야 사람이 받을 수 있다. 아이야! 그런데 왜 사람들에게 D데이를 비밀로 할까?"

"글쎄요."

"아이야! 만약 사람들이 자기의 D데이를 알면 어떻게 살까?"

"하루하루를 소중히 여기며 더 열심히 살 것 같아요."

"그래? 그러나 막상 사람들이 자기의 D데이를 알면 그렇게 살지 않는다. 그래서 세상이고 그래서 인간이다. 그렇다면 사람들이 자기의 D데이를 알면 어떤 일들이 벌어질까?"

"그러고 보니 '어차피'라는 말이 떠오르네요. 어차피 D데이에 죽을 목숨이니 세상에 살던서 하고 싶은 것들을 다 하고 죽겠다고 생각할 수 있겠네요. 또 D데이가 다가오면 온갖 나쁜 짓을 하며 인생을 망칠 수도 있겠고요. D데이를 너무 의식해서 삶에 집중하기 어려울 것 같아요. D데이까지 최선을 다하지 않고 삶을 포기할 수도 있겠네요. 그러고 보니 사람들이 자기의 D데이를 안다면 많은 문제가 생기겠네요. 차라리 자기의 D데이를 모르는 편이 더 좋겠네요."

"네 말이 맞다."

제이 선생님은 말을 이었다.

"D데이를 모르는 것과 D데이를 잊는 것은 다르다. D데이는 온다."

제이 선생님은 나에게 다시 물었다.

"아이야! 너는 몇 살까지 살 것 같냐?"

"모릅니다. 그러나 남들 사는 만큼은 살겠지요."

"아이야! 남들 사는 만큼 산다면 며칠을 사냐?"

"계산해 본 적이 없습니다."

"아이야! 계산기로 나와 함께 계산해 보자."

나는 계산기를 들고 제이 선생님을 따라 계산할 준비를 했다.

제이 선생님은 화이트보드에 썼다.

$$82.2 \times 365 = ?$$

"사람의 평균 수명은 82.2세이다. 82.2세 곱하기 365일은?"

나는 계산기에 그 데이터를 입력했다.

"30,000일입니다."

"맞다. 인생은 30,000일 프로젝트이다. 물론 어떤 사람은 30,000일보다 많이 살고 어떤 사람은 30,000일보다 적게 살겠지만 사람의 평균 수명은 30,000일이다."

제이 선생님은 화이트보드에 썼다.

오늘

"인생은 30,000개의 하루로 이루어져 있다. 그렇다면 인생의 세포는 무엇일까?"

"제이 선생님! 인생에 세포가 있어요?"

"시간이 있기 때문에 인생이 있다. 시간은 생명이다. 인생은 살아 있는 생명이다. 그러므로 세포가 있다. 인생의 세포는 바로 하루이다. 인생은 30,000개의 하루로 이루어진 생명이다. 아이야! 인생의 세포인 오늘은 인생의 속성을 그대로 품고 있다. 따라서 오늘이 인생이다. 오늘을 매니지먼트하는 것이 인생을 매니지먼트하는 것이다. 세포가 건강해야 몸이 건강하다."

제이 선생님은 화이트보드에 썼다.

진도율(%)

"아이야! 오늘 너의 나이는 몇 살이냐?"

"41살입니다."

모든 것을 아는 제이 선생님은 말했다.

"아이야! 오늘 너의 나이는 41.1살이다. 그런데 오늘 너는 몇 번째 하루를 살고 있냐?"

"계산해 본 적이 없습니다."

"아이야! 계산기로 나와 함께 계산해 보자."

제이 선생님은 화이트보드에 썼다.

B데이	1978.7.21	0.0년	1번째 하루	0%
오늘	2019.8.15	41.1년	15,000번째 하루	50%
D데이	2060.9.8	82.2년	30,000번째 하루	100%

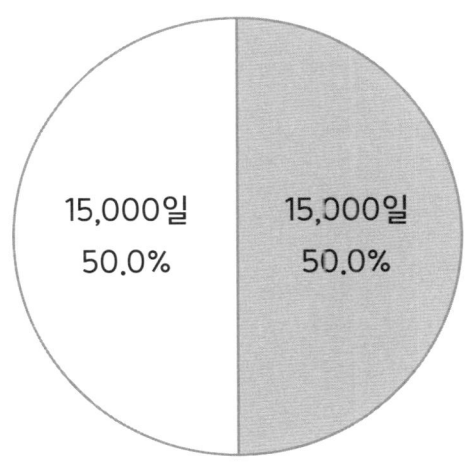

"아이야! 오늘은 너의 15,000번째 하루이다. 오늘 기준 너의 인생 진도율은 50.0%이다. 오늘은 너에게 의미 있는 날이다."

나는 오늘이 그렇게 특별한 날인지 몰랐다. 얼마 전 생일 파티 때에도 나는 전혀 생각하지 못했다. 특별한 오늘, 특별한 선물, 세 시간의 하늘 여행.

제이 선생님은 말을 이었다.

"아이야! 축구 경기로 말하면 너의 오늘은 전반전에서 후반전으로 넘어가는 날이다. 인생을 24시간으로 환산하면 너의 오늘은 정각 12시이다. AM의 끝, PM의 시작 지점에 있다.'

12:00. 나는 기분이 좋았다. 어느새 40대 중년이라 생각하며 과거에 대한 허무감과 미래에 대한 두려움에 사로잡혀 있었던 내가 이제 12시라니. 구멍 난 배에 물이 들어차듯 내 마음에 희망이 들이 찼다.

"아이야! 너의 D데이는 비밀이다. 그러나 만약 네가 남들 사는 만큼 산다면 너의 D데이 그러니까 너의 30,000번째 하루는 2060년 9월 8일이다. 너에게 D데이는 세상 끝날이며 하늘 첫날이다. 아이야! D데이가 멀어 보인다면 착각이다. 오늘까지 15,000일이 빠르게 지나갔듯이 오늘부터 15,000일도 빠르게 지나갈 것이다."

제이 선생님은 화이트보드에 썼다.

하루살이 인생

"아이야! 나는 네가 기억하길 바란다. 남은 15,000일 중에 50%만이 생산적인 시간이라는 사실을. 20.5년 그러니까 7,500일이 의식적이며 활동적이며 창조적인 시간이다. 나머지 50%는 잠자는 시간, 화장실에 가 있는 시간, 아픈 시간

등 자연스러운 시간이긴 하지만 생산적인 시간은 아니다. 다시 한번 말하지만 네가 남들 사는 만큼 산다고 가정할 때 그렇다는 것이니 참고만 하길 바란다. 병이나 사고로 평균 수명보다 빨리 D데이를 맞을 수도 있다. 아무도 모를 일이다. D데이는 비밀이니까. 인생은 하루살이이다. 하루하루가 소중하다. 오늘을 잘 사는 것이 인생을 잘 사는 것이다. 오늘 하루를 정성스럽게 사는 것이 상책이다."

평균 수명을 가정한 계산이긴 하지만 내 인생을 숫자 데이터로 보는 것은 처음이었다. 한 번뿐인 인생. 막연하게 생각했던 것보다 많지 않은 날들. 오늘 하루를 정성스럽게 사는 하루살이 인생.

제이 선생님은 화이트보드에 썼다.

시간의 법칙

"아이야! 초속 465m의 속도로 하루가 빠르게 지나간다는 사실을 기억하길 바란다. 눈 깜짝할 사이에 하루가 지나가는 느낌. 전반전보다 후반전의 하루가 더 빠르게 지나간다고 느낄 것이다."

맞다. 그렇지 않아도 요즘 하루, 한 주, 한 달, 한 해가 점점 빠르게 지나간다고 생각하고 있었다.

제이 선생님은 이어서 말했다.

"아이야! 지구가 한 바퀴 도는 자전이 하루이다. 지구는 자전 속도인 초속 465m로 서쪽에서 동쪽으로 부지런히 돌고 있다. 지구는 절대 역회전을 하지 않는다. 그러니까 오늘은 한 번 가면 영원히 되돌아오지 않는다. 그것이 시간의 법칙이다."

제이 선생님은 화이트보드에 썼다.

용서

"아이야! 지나간 것은 지나간 대로 놔둬라. 시간의 법칙에 따라 지나간 것은 절대 되돌아오지 않는다. 자기 스스로의 잘못이든 남의 잘못이든 지나간 것은 용서하고 잊어버리는 것이 상책이다. 내가 너에게 이 말을 하는 이유는 세상에 용서하지 않는 사람들이 많기 때문이다. 남을 위해 용서하는 것이 아니라 자기 스스로를 위해 용서하는 것이다. 그리고 남만 용서하지 말고 자기 스스로도 용서해야 한다. 지난 잘못을 '0'으로 만드는 방법이 용서이다. 지나간 것은 지나간 대로 놔두는 방법이 용서이다. 그러니 자기 스스로나 남을 용서하는 것은 자기 스스로나 남을 사랑하는 아주 좋은 방법이다. 지나간 것을 후회하거나 미워하는 일에 오늘을 낭비하지 말아라. 용서하면 버려지는 시간을 구할 수 있다. 용서하는 사람은 지혜로운 사람이다. 오늘을 매니지먼트하는 사람은 용서하는 사람이다."

제이 선생님은 화이트보드에 썼다.

걱정 금지

"아이야! 내일은 내일 살아라. 내일 일은 내일 걱정해라. 한 번에 하루씩 살아라. One day at a time! 오늘을 살아라. 내일 일을 걱정하기 위해 오늘을 낭비하지 말아라. 내일 일을 걱정하지 않는 사람은 지혜로운 사람이다. 오늘을 매니지먼트하는 사람은 내일 일을 걱정하지 않는 사람이다. 아이야! 어제는 오늘이 아닌 과거이고 내일은 오늘이 아닌 미래이다. 오늘이 현실이며 살아야 할 시간이다."

제이 선생님은 화이트보드에 썼다.

애자일

"아이야! 300일, 3,000일, 30,000일을 통째로 매니지먼트하지 말고 한 번에 하루씩 매니지먼트해라. 그러니까 오늘을 매니지먼트해라. 무겁게 사는 것보다 가볍게 사는 것이 쉽다. 쉬워야 재미있다. 행복한 오늘이 행복한 인생이다. 소소한 행복이 모여 행복한 인생이 된다. 성공한 오늘이 모여 성공한 인생이 된다. 작은 성공이 모여 큰 성공이 된다. 애자일(Agile)하게 살아라."

애자일 라이프 스마트 라이프! 광고 카피 같은 이 말이 떠오른 순간 나는 어깨에 지고 있던 무거운 짐을 내려놓은 느낌을 받았다.

제이 선생님은 화이트보드에 썼다.

프로젝트 매니저

제이 선생님은 나에게 물었다.

"아이야! 너의 30,000일 인생 프로젝트를 매니지먼트하는 프로젝트 매니저(PM, Project Manager)는 누구냐?"

이제 그 질문은 나에게 어려운 질문이 아니었다. 나는 자신 있게 대답했다.

"제 인생의 프로젝트 매니저는 저입니다."

"좋다. 그렇다면 인생을 자동차에 비유해 보자. 너의 자동차 운전대를 잡고 있는 사람은 누구냐?"

그 질문도 내게는 어려운 질문이 아니었다.

"제 인생의 프로젝트 매니저인 저입니다."

"맞다. 네 인생은 네가 드라이빙하는 여행이다. 네 인생의 드라이버는 너이다. 인생의 갈림길에서 네가 어느 길을 선택하느냐에 따라 인생이 달라진다. 어떤 사람을 선택하고 어떤 상황을 선택하느냐에 따라 인생이 달라진다. 프로젝트 매니저는 선택하는 사람이다. 네 인생 프로젝트의 의사 결정권자는 너 자신이다."

나는 제이 선생님의 말을 이해했다. 그러나 마음 한편에는 프로젝트 매니저라는 사실이 부담스러웠다. 잘못하면 어떻게 하지? 내가 잘할 수 있을까? 이런 생각을 하니 인생은 외로운 것이라는 생각이 들었다. 그런데 모든 것을 아는 제이 선생님은 나에게 말했다.

"아이야! 하늘의 원칙을 기억하냐? 하늘은 그 사람이 믿는 대로 되도록 돕는다. 하늘은 스스로 돕는 사람을 돕는다. 하늘은 그 사람이 심은 대로 거두도록 돕는다. 하늘은 모든 것을 알고 있다. 하늘은 너를 고아처럼 내버려 두지 않는다. 하늘은 너를 돕는다. 너는 외롭지 않다. 그리고 너는 잘해 낼 것이다."

모든 것을 아는 제이 선생님은 나에게 다가와 내 어깨를 가볍게 두드렸다. 그러자 내 마음에 자신감이 들어찼다.

하늘의 원칙이 내 인생의 프로젝트 매니저인 나에게 이렇게 큰 힘이 될 줄이야. 나는 하늘의 원칙을 마음에 다시 한 번 새겼다.

'하늘은 그 사람이 믿는 대로 되도록 돕는다. 하늘은 스스로 돕는 사람을 돕는다. 하늘은 그 사람이 심은 대로 거두도록 돕는다.'

제이 선생님은 화이트보드에 썼다.

여행 vs 방황

제이 선생님은 나에게 물었다.

"네 인생은 네가 드라이빙하는 여행이다. 그런데 세상에 방황하는 사람들이 많다. 아이야! 여행과 방황의 차이가 뭐냐?"

"여행은 스케줄이 있는 것이고 방황은 스케줄 없이 그냥 마음 내키는 대로 떠돌아다니는 것입니다."

"맞다. 여행과 방황의 차이는 계획의 유무이다. 여행은 계획이 있지만 방황은 계획이 없다. 정한 곳 없이 이리저리 '그냥' 떠돌아다니는 것이 방황이다. 왜 사냐고 물으면 '그냥' 산다고 대답하는 사람은 방황하는 사람이다. 삶의 계획이 없으니 '그냥' 살 수밖에 없다. 세상에는 계획 없이 오늘을 '그냥' 살아버리는 방황하는 사람들이 많다. 방황하는 사람들의 운전석은 늘 비어 있다. 드라이버 없이 달리는 자동차와 같다. 방황하는 사람들은 오늘을 시간 소각장에 내다 버리는 사람들이다. D데이에 그런 사람들이 갈 곳은 정해져 있다. 방황하는 사람들은 프로젝트 매니저가 아니다. 프로젝트 매니저는 자기 자신의 오늘을 매니지먼트하는 사람이다."

제이 선생님은 화이트보드에 썼다.

$$성공 = f(\ )$$

"아이야! 성공을 좋아하냐?"

"네."

"아이야! 성공하고 싶나?"

"네."

"아이야! 성공은 좋은 것이다. 나는 네가 성공하길 바란다. 아이야! 그런데 성공은 무엇의 함수일까? 그러니까 성공과 떼려야 뗄 수 없는 것이 무엇일까?"

"노력 아닐까요?"

"노력? 노력은 그다음이다. 목표이다. 성공은 목표의 함수이다. 성공이란 목표를 달성하는 것이다. 그러니 목표가 없으면 성공도 없다. 목표는 핏빛보다 선명해야 한다. 목마른 사람이 물을 찾듯이 간절하게 바라는 목표. 한겨울 새벽에 차가운 교회당 콘크리트 바닥에 무릎 꿇고 앉아 두 손 모아 간절하게 기도하는 그 목표. 간절하게 원하면 반드시 이루어진다. 그런데 간절하게 원하면 왜 반드시 이루어질까? 간절하게 원하는 사람은 그 목표가 반드시 이루어지길 바라기 때문에 스스로 간절하게 노력하기 때문이다. 모든 일에 타이밍이 있다. 하늘의 타이밍이 이르면 하늘의 원칙 1, 2, 3번이 순서대로 작동한다. 하늘의 원칙 1. 하늘은 그 사람이 믿는 대로 되도록 돕는다. 간절한 목표가 있는 사람은 간절하게 노력하면 그 목표가 이루어진다고 믿는다. 하늘은 그 사람의 믿음대로 그 사람이 성공하도록 돕는다. 하늘의 원칙 2. 하늘은 스스로 돕는 사람을 돕는다. 간절한 목표가 있는 사람은 스스로 간절하게 노력한다. 하늘은 간절하게 스스로를 돕는 사람을 성공하도록 돕는다. 하늘의 원칙 3. 하늘은 그 사람이 심은 대로 거두도록 돕는다. 성공의 씨앗인 믿음과 노력을 심었으니 하늘은 그 사람이 성공을 거두도록 돕는다."

제이 선생님은 화이트보드에 썼다.

$$\text{실패} = f(\ )$$

제이 선생님은 나에게 물었다.

"아이야! 성공은 목표의 함수이다. 그렇다면 실패는 무엇의 함수일까?"

"게으름 아닐까요?"

"어? 게으름? 잘 아는구나? 비슷하다. 답은 연기이다."

비슷한 답을 맞혀 기분이 좋으면서도 왠지 모르게 나는 뜨끔했다.

제이 선생님은 말을 이었다.

"만약 실패하고 싶은 사람이 있다면 연기하면 된다. 연기하는 사람은 실패하려고 노력하는 사람이다. 모든 일에 타이밍이 있다. 오늘 할 일을 하지 않고 미래로 연기하면 미래는 점점 무거워지고 힘들어진다. 연기가 쌓여 언젠가 미래가 그 쌓인 무게를 감당하지 못하면 미래는 무너진다. 게으른 사람들의 주특기는 연기이다. 아이야! 세상에 있는 모든 사람은 게으르다. 그러나 게으름의 인성과 싸워서 이기는 사람이 성공한다. 성공에도 실패에도 다 이유가 있다."

제이 선생님은 화이트보드에 썼다.

원칙

"아이야! 30,000일 인생 프로젝트 매니저로서 매니지먼트 원칙(Management Philosophy)이 있어야 한다. 매니지먼트 원칙 없이 헤매는 '어른아이'들이 많다. 아이야! 나는 너의 매니지먼트 원칙이 궁금하구나. 나에게 말해 줄 수 있겠냐?"

제이 선생님은 나에게 생각할 시간을 주며 기다렸다. 나는 잠시 생각을 정리한 후 말했다.

"제이 선생님! 저의 매니지먼트 원칙은 겸손입니다."

제이 선생님은 고개를 끄덕이며 말했다.

"아이야! 너는 매니지먼트 원칙이 있는 프로젝트 매니저이구나. 훌륭한 인생을 산 사람들은 저마다의 매니지먼트 원칙을 가지고 있었다. 매니지먼트 원칙은 인생의 가이드가 되어 준다. 매니지먼트 원칙이 있는 프로젝트 매니저는 원칙에 따라 인생을 여행하지만 매니지먼트 원칙이 없는 사람은 줏대 없이 인생을 방황한다. 매니지먼트 원칙은 그 사람의 인생철학이다. 철학이 있는 사람이 철든 사람이다."

내 인생의
프로젝트
매니저

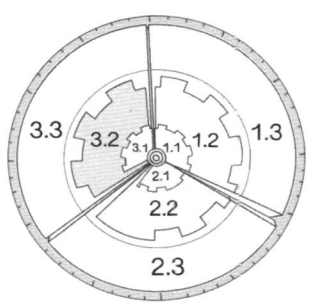

인생 프로젝트 매니지먼트

제이 선생님은 나에게 말했다.

"아이야! 이제 오늘을 매니지먼트하는 구체적인 방법을 알려 주겠다."

제이 선생님은 화이트보드에 썼다.

시스템

"아이야! 매니지먼트를 하려면 매니지먼트 시스템(Management System)이 필요하다. 시스템은 간편해야 좋다. '타깃(Target)'이라는 한 장의 양식으로 오늘을 매니지먼트해라. 이 타깃이 바로 '오늘 매니지먼트 시스템'이다."

제이 선생님은 화이트보드에 하나의 원을 그렸다.

"아이야! 이 원이 하루이다. 이 원 안에 오늘을 담자. 지금부터 오늘을 디자인해 보자. 네 인성의 프로젝트 매니저인 너는 이 원 안을 무엇으로 채울지 결정해야 한다. 아이야! 기억하냐? 선택의 방에서 단 하나의 질문이 무엇이었는지?"

"무엇을 하다 왔느냐?"

"아이야! 하늘에 울려 퍼졌던 너의 대답이 무엇이었냐?"

"사랑하다 왔습니다."

"아이야! 네가 대답한 대로 너의 오늘을 사랑으로 가득 채워라. 인생은 30,000개의 오늘로 수놓은 모자이크 작품이다. 우선 너의 작품인 네 인생의 이름을 정해야 한다. '무엇을 하다 왔느냐?'라는 질문에 그 '무엇'이 네 인생의 이름이다. 너의 대답이 '사랑을 하다 왔습니다'이니 네 인생의 이름은 '사랑'이다. '무엇을 하다 왔느냐?'라는 질문의 축소판은 '오늘 무엇을 했느냐?'라는 질문이다. 인생의 '무엇'과 오늘의 '무엇'은 같다. 따라서 너는 오늘을 사랑으로 가득 채워라."

제이 선생님은 화이트보드에 그린 원을 3등분으로 나눴다.

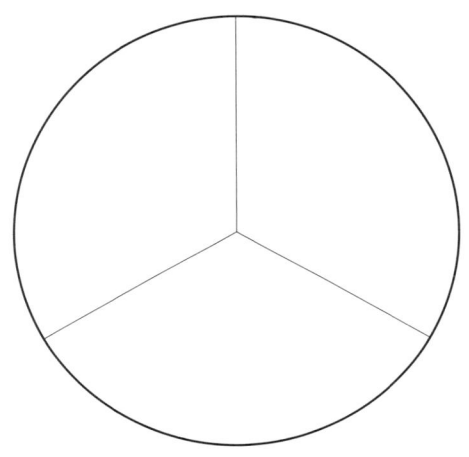

제이 선생님은 나에게 물었다.

"아이야! 너는 네가 가장 먼저 사랑해야 할 사람이 누구라고 생각하나?"

"가족이요."

"틀렸다. 가족은 두 번째이다."

나는 첫 번째 사랑할 사람들이 당연히 가족이라 생각했다. 나는 당황하며 제이 선생님에게 물었다.

"제이 선생님! 그러면 첫 번째로 사랑해야 할 사람은 누구인가요?"

제이 선생님은 딱 잘라 말했다.

"바로 자기 자신이다."

순간 나는 정신이 번쩍 들었다.

"아이야! 네가 스스로를 사랑할 줄 알아야 다른 사람도 사랑할 줄 안다. 그러니 첫 번째 사랑할 사람은 '나', 두 번째는 사랑할 사람은 '가족' 그리고 세 번째 사랑할 사람은 '이웃'이다."

제이 선생님은 화이트보드에 그린 원의 3등분에 시계 방향으로 각각 나, 가족, 이웃이라고 썼다.

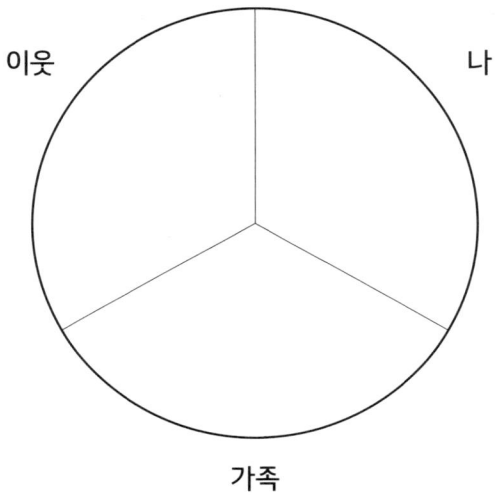

제이 선생님은 말을 이었다.

"아이야! 세상에 나와 남이 있다. 나 아닌 사람은 모두 남이지만 나와 같이 사랑해야 할 사람이 가족이다. 이웃보다 우선 가족을 사랑해야 한다. 그런데 가족과 같이 사랑해야 할 사람이 이웃이다. 이것이 사랑의 원리이다. 이렇게 사랑하면 가족과 이웃을 나와 같이 사랑할 수 있다. 아이야! 나를 사랑하라는 말은 나만 사랑하라는 말이 아니다. 사랑의 반대는 '이기'이다. 나만 사랑하는 사람은 이기적인 사람이다. 나를 사랑하는 것과 같이 가족을 사랑하고 이웃을 사랑하라는 말이다. 비유하자면 사랑은 세상의 빛이다. 사랑하는 일은 세상을 촛불로 밝히는 일과 같다. 멀리 있는 사람에게 촛불을 붙여 주려면 우선 내 초에 불을 붙여야 하고 그 불을 가까이 있는 사람부터 점점 멀리 있는 사람에게 전해야 한다. 이렇게 나, 가족, 이웃을 사랑하는 사람은 오늘을 사랑으로 가득 채우는 사람이다. 오늘을 사랑으로 가득 채운 사람이 세상에서 가장 행복한 사람이다. D데기에 후회하지 않으려면 인생을 사랑으로 가득 채워라. 남는 것은 사랑밖에 없다. 세상에서 사랑하며 보낸 오늘은 하늘 정원으로 가서 한 송이 꽃이 된다. 세상과 하늘은 연결되어 있다. 세상에서 사랑하는 일은 하늘 정원을 가꾸는 일이다. 세상에서 사랑을 심으면 하늘 정원에서 꽃을 거둔다."

제이 선생님은 화이트보드에 그린 커다란 원 안에 두 개의 작은 원을 그려 넣었다.

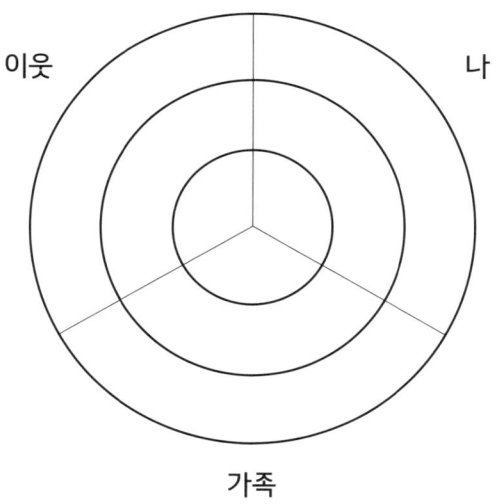

"아이야! 이 그림이 무엇처럼 생겼냐?"

"활이나 총을 쏠 때 표적으로 만들어 놓은 타깃처럼 생겼습니다."

"맞다. 그래서 이 양식의 이름이 타깃이다. 매니지먼트의 시작은 기록이다. 오늘 할 일과 오늘 한 일을 이 타깃에 기록한다."

제이 선생님은 타깃의 '나 분면'을 손가락으로 가리키며 말했다.

"아이야! 오늘 나 자신을 사랑할 일 세 개를 정한다. 그런 다음 그 일들의 우선순위를 정하여 1순위의 일을 중심 조각에, 2순위의 일은 중간 조각에, 3순위의 일은 바깥 조각에 기록한다."

제이 선생님은 타깃의 '가족 분면'을 손가락으로 가리키며 말했다.

"아이야! 오늘 가족을 사랑할 일 세 개를 정한다. 그다음 그 일들의 우선순위를 정하여 1순위의 일을 중심 조각에, 2순위의 일은 중간 조각에, 3순위의 일은 바깥 조각에 기록한다."

제이 선생님은 타깃의 '이웃 분면'을 손가락으로 가리키며 말했다.

"아기야! 오늘 이웃을 사랑할 일 세 개를 정한다. 그다음 그 일들의 우선순위를 정하여 1순위의 일을 중심 조각에, 2순위의 일은 중간 조각에, 3순위의 일은 바깥 조각에 기록한다."

제이 선생님은 타깃에 몇 개의 예를 써넣었다.

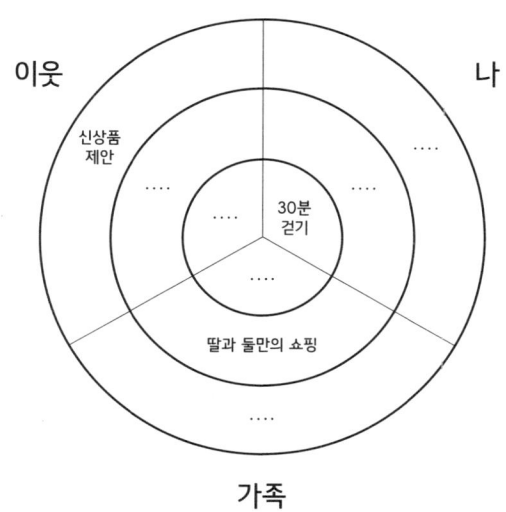

"예를 들어 자기 자신의 건강을 위한 운동은 자기 자신을 사랑하는 일이다. 오늘 그 일이 나를 사랑하는 1순위의 일이라면 나 분면의 중심 조각에 '30분 걷기'라 쓰면 된다.

예를 들어 자녀와 좋은 관계를 유지하기 위한 대화는 가족을 사랑하는 일이다. 오늘 그 일이 가족을 사랑하는 2순위의 일이라면 가족 분면의 중간 조각에 '딸과 둘만의 쇼핑'이라 쓰면 된다.

예를 들어 고객에게 필요한 정보를 제공하는 일은 이웃을 사랑하는 일이다. 오늘 그 일이 이웃을 사랑하는 3순위의 일이라면 이웃 분면의 바깥 조각에 '신상품 제안'이라 쓰면 된다."

제이 선생님은 화이트보드에 썼다.

오늘 디자인

"아기야! 지금까지 말한 것이 오늘 매니지먼트인 '플랜 두 씨'에서 오늘을 디자인하는 플랜(Plan)이다. 오늘 매니지먼트의 시작은 타깃 위에 오늘 사랑할 일들을 계획하는 '오늘 디자인'이다."

제이 선생님은 화이트보드에 썼다.

정지 마찰력

"오늘 디자인은 중요하다. 계획에 실패하는 것은 실패를 계획하는 것과 같다. 그런데 계획만 세운 후 실행하지 않으면 그 계획은 아무 소용이 없다. 두(Do). 계획한 대로 실행

해야 한다."

제이 선생님은 웃으며 나에게 물었다.

"아이야! 세상에서 가장 무거운 것이 뭔지 아냐?"

"글쎄요."

"자기 자신의 몸이다."

나는 웃었다.

"아이야! 오늘 계획한 일 중에 가장 쉬운 일을 일단 시작해라. 그러나 시작하기가 힘들다. 정지하고 있던 물체가 막 움직이기 시작하려는 순간의 저항력을 깨는 것이 가장 힘들다. 정지 마찰력을 깨야 한다. 일단 시작해라. 저스트 두 잇(Just do it)."

제이 선생님은 화이트보드에 썼다.

인내

"아이야! 오늘 여러 유혹들이 기다리고 있다. 계획한 일을 포기하고 싶은 유혹이 있을 수 있다. 나, 가족, 이웃을 사랑하는 일을 포기하면 남는 것이 없다. 성공을 포기하고 싶은 유혹도 있을 수 있다. 성공을 포기하면 실패만 남는다. 한 번뿐인 오늘, 한 번뿐인 인생을 실패한 작품으로 만들 수 있겠느냐? 간절하게 원하면 반드시 이루어진다. 갈망이 있는 사람은 포기하지 않는다. 인생 프로젝트의 성공을 위해 괴로움과 어려움을 참고 견디며 계획한 일을 끝까지 밀어붙이며 노력하는 인내가 필요하다."

제이 선생님은 화이트보드에 썼다.

개선

제이 선생님은 나에게 다가와 조용히 말했다.

"아이야! 인생은 만들어 나가는 것이다. 완벽한 인생은 없다. 따라서 사람은 완벽을 추구해서는 안 된다. 사람은 개선을 추구해야 한다."

제이 선생님의 이 말은 오늘 매니지먼트에 대한 내 마음의 부담을 한 번에 날려 버렸다. '플런 두 씨'의 오늘 매니지먼트는 완벽을 추구하는 것이 아니라 개선을 추구하는 노력이라는 사실이 이렇게 큰 격려가 될 줄 몰랐다.

제이 선생님은 말을 이었다.

"비유하자면 세상에는 먼지가 있어서 흰옷을 입으면 때가 묻는다. 세상에 사는 사람은 자연스럽게 잘못을 할 수밖에 없다는 말이다. 왜냐하면 사람이 사는 이 세상은 잘못을 할 수밖에 없는 환경이기 때문이다. 또 다른 비유로 물은 화학식으로 에이치투오(H_2O)이다. 에이치투오는 수소와 산소가 결합된 색도 없고 냄새도 없고 맛도 없는 깨끗한 화학 물질이다. 그러나 사람이 먹는 물은 에이치투오가 아니다. 철, 칼슘, 마그네슘 등등 여러 종류의 불순물이 섞인 자연수를 마신다. 오히려 미네랄이 섞여 있기 때문에 물맛이 좋은 것이다. 사람은 증류수를 먹고 살 수 없다. 불순물 그러니까 잘못, 실수, 시행착오 등등 여러 에러가 섞여 있는 삶을 살 수밖에 없다. 사람은 완벽할 수 없다. 그러니까 좋은 것을 추구하며 개선해 나가는 삶을 살아야 한다. 완벽을 추구하는 것은 욕심이며 시간 낭비이다. 그래서 스스로를 용서할 필요가 있다. 스스로는 사랑의 대상인 동시에 용서의 대상이다. 용서는 에러를 잊어주는 것이다. 없는 것을 있는 것으로 만드는 '창조'에 버금가는 능력이 바로, 있는 것을 없는 것으로 만드는 '용서'이다."

제이 선생님의 이 말을 들으니 마음속 체증이 사라지는 느낌이었다.

제이 선생님은 화이트보드에 썼다.

복기

"오늘 매니지먼트인 '플랜 두 씨'에서 씨(See)는 복기를 하는 것이다. 오늘을 되돌아보며 잘한 일은 잘한 대로 자기 자신을 격려하고 잘못한 일은 잘못한 대로 자기 자신을 용서하는 복기의 시간을 가져라. 아이야! 잠들기 전에 '회개 버튼'을 눌러라."

내 인생의
프로젝트
매니저

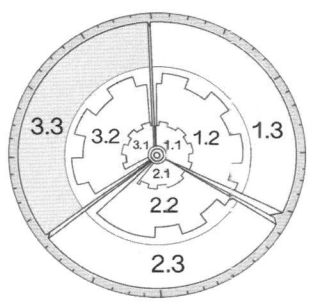

오늘의 이름을 지어주세요

나는 제이 선생님에게 말했다.

"세상에서 듣지 못한 말을 하늘에 있는 매니지먼트 스쿨에서 많이 들었습니다. 제이 선생님을 믿고 세 시간의 하늘 여행에 따라 오길 정말 잘했습니다."

제이 선생님은 흐뭇한 미소를 지으며 말했다.

"마지막으로 내가 너에게 할 갈이 있다."

마지막이라는 말에 나는 왼쪽 손목에 찬 하늘 시계를 보았다. 3.3시였다. 어느새 세 시간의 하늘 여행이 끝나가고 있었다.

제이 선생님은 화이트보드에 썼다.

이름

"아이야! 오늘을 사랑한다면 오늘과 이별하기 전에 오늘의 이름을 지어 주어라. 나와 함께한 오늘. 다시 오지 않을 오늘. 사랑하는 오늘. 그 오늘을 보내기 전에 그냥 보내지 말고 오늘의 이름을 지어 주어라. 그리고 오늘의 이름을 불러 주어라."

제이 선생님은 속삭이듯 말했다.

"아이야! 잠시 오늘의 소리를 들어 보아라."

하늘 어딘가에서 오늘의 소리가 들렸다.

"아이님! 나는 오늘입니다. 세상에 있는 것들은 저마다의 이름이 있어요. 그러나 내 이름은 없어요. 나는 세상 무엇보다 귀한데 이름 없는 시간일 뿐입니다. 아이님! 나도 이름을 갖고 싶어요. 오늘 나는 아이님의 것입니다. 아이님이 내 이름을 지어주세요. 나는 시간 공장에서 골든 박스에 담겨 아이님께 왔고요, 지구 한 바퀴 도는 동안 아이님과 하나 되어 살다가 이제 하늘로 돌아갑니다. 내가 아이님께 의미 있는 하루였다면 나를 하늘로 그냥 보내지 말고 나에게 이름을 지어 주세요. 그리고 오늘 나와 헤어지기 전에 딱 한 번만이라도 그 이름을 불러 주세요. 그러면 오늘 나는 하늘 정원에 가서 그 이름의 꽃이 될게요. 아이님! 하늘 정원에서 내가 아이님을 기다리고 있을 테니 D데이에 외로워하거나 두려워 마세요. 아이님이 이름 지어줄 많은 오늘들과 하늘 정원에 모여 웃으며 조잘대며 노래하고 있을 테니 D데이에 하늘 정원에 와서 내 이름을 불러 주세요. 그러면 내가 아이님을 웃으며 맞이하겠습니다. 아차! 시간이 흘

터 언젠가 내가 그리워지면 나를 부를 수 있도록 타깃에 내 이름을 적어 놓으세요. 아이님! 오늘 나를 사랑해 줘서 고마워요. D데이에 다시 만나요. 안녕."

오늘의 소리를 들으며 나는 울었다. 오늘은 그렇게 나에게 애원했다. 이름을 지어 달라고. 나는 이름 없이 보낸 15,000개의 오늘들에게 미안한 마음이 들었다.

나는 오늘에게 말했다.

"오늘아! 네가 돌아가기 전에 너의 이름을 지어 줄게. 그리고 너의 이름을 불러 줄게. 네 말대로 타깃에 너의 이름을 기록해 놓을게. 오늘아! 내가 이름을 지어줄 테니 하늘 정원에서 아름다운 꽃이 되어라. D데이에 다시 만나자. 안녕."

모든 것을 아는 제이 선생님은 나에게 말했다.

"아기야! 오늘의 이름은 오늘의 삶을 함축한 의미 있는 이름이어야 한다. 그러니 의미 있는 이름을 지으려면 오늘을 의미 있게 살아야 하고, 아름다운 이름을 지으려면 오늘을 아름답게 살아야 하고, 재미있는 이름을 지으려면 오늘을 재미있게 살아야 한다."

제이 선생님은 마커 펜을 내려놓고 화이트보드를 지우며 말했다.

"아이야! 이제 매니지먼트 스쿨에서 배울 것을 다 배웠다. 연필을 내려놓아라. 세상의 것을 하늘로 가져올 수 없듯이 하늘의 것을 세상으로 가져갈 수 없다. 지금 잠깐 시간을 줄 테니 그 종이에 기록한 내용을 꼼꼼하게 네 마음에 새겨라."

D데이, 30,000일, 인생 프로젝트, 프로젝트 매니저, 원칙, 시스템, 타깃, 사랑의 순서, 오늘 매니지먼트, 플랜 두 씨, 오늘 디자인, 저스트 두 잇, 인내, 개선, 콕기, 오늘의 이름…….

나는 종이를 두 손에 들고 제이 선생님이 가르쳐 준 내용들을 음미하며 하나라도 잊지 않기 위해 마음의 펜을 꼭꼭 눌러서 마음 판에 새겨 넣었다.

모든 것을 아는 제이 선생님은 나에게 말했다.

"아이야! 이제 됐다. 세 시간의 하늘 여행은 끝났다. 이제 너는 세상으로 다시 가야 한다. 그런데 내가 너에게 맡길 일이 있다. 아이야! 세 시간의 하늘 여행에서 네가 보고 배운 것들을 세상 사람들에게 알려 주어라. 아이야! 나는 너를 사랑한다. 네가 나를 사랑한다면 세상에 가서 내가 너에게 맡긴 일을 해라."

나는 의자에서 일어나 제이 선생님께 달려가 안기며 말했다.

"제기 선생님! 저는 세상으로 가고 싶지 않아요. 제이 선생님과 함께 하늘에서 살고 싶어요."

나는 울면서 제이 선생님에게 애원했다.

제이 선생님은 내 눈물과 제이 선생님의 눈물을 닦으며 말했다.

"아이야! 모든 일에 타이밍이 있다. 지금은 세상에 가서 내가 너에게 맡긴 일을 할 때이다. 너의 D데이에 우리는 하늘에서 다시 만난다. 그날 나는 너에게 물어볼 것이다. 무엇을 하다 왔느냐?"

나는 제이 선생님의 손에 입을 맞추며 말했다.

"제이 선생님! 사랑하다 오겠습니다."

나는 깜짝 놀라 눈을 떴다.

"어? 꿈이었다니. 아! 꿈이었어. 휴~ 꿈이었구나."

나는 머리를 만지며 말했다. 발아래 무화과 하나가 떨어져 있었다. 그늘 삼아 앉아 있던 무화과나무에서 무화과 하나가 바람결에 내 머리로 떨어져 내 잠을 깨운 모양이었다. 스카이블루의 드넓은 하늘에 홀로 빛나던 태양은 어느새

서쪽 하늘에 석양이 되어 있었다.

아무도 없는 바닷가에서 나는 혼자 말했다.

"꽤 오래 잔 것 같은데? 요즘 내가 피곤하긴 했구나. 낮잠을 자면서 무슨 꿈을 이렇게 리얼하게 꾸냐? 잘 자긴 했는데 도대체 얼마나 잔 거야? 세 시간 정도 잔 것 같은데?"

나는 시계를 보려고 왼손을 들어 올렸다. 순간 나는 깜짝 놀라 그 자리에 주저앉고 말았다.

"어? 꿈이 아니었다니. 아! 꿈이 아니었어. 휴~ 꿈이 아니었구나."

그저 꿈만 같았던 세 시간의 하늘 여행. 그러나 꿈이 아니라는 사실을 나는 알고 있다. 만약 세 시간의 하늘 여행이 꿈이라면 내가 사는 이 세상이 모조리 꿈이라는 뜻일 테니까.

나는 땅에 떨어진 무화과 하나를 주워 들며 하늘을 올려다보았다.

나는 무화과 열매 아니 무화과꽃을 하늘에 닿을 듯이 던져 올리며 하늘에 닿을 듯한 큰 소리로 외쳤다.

"제이 선생님! 사랑하다 가겠습니다!"

원리(One Lee)

Global PM Institute의 원장으로 미국과 영국의 프로젝트 매니지먼트(PM, Project Management) 전문가 자격과 프로젝트 매니지먼트 학위 그리고 1996년부터 지금까지 다양한 프로젝트와 글로벌 기업에서의 매니지먼트 경험을 보유한 세계적인 프로젝트 매니지먼트 전문가입니다.

『프로젝트 성공의 비밀(The Secret to Project Success)』의 작가이며 Best Teaching Award를 수상한 강연가입니다.

프로젝트 매니지먼트를 응용해 많은 사람들의 여생을 바꾸는 이야기 선물을 만들어 전하는 '사랑 작가 원리(One Lee)'로 활동하며 세계를 두루 다니며 강연하고 있습니다.

Facebook | www.facebook.com/globalpmceo
Instagram | @globalpmceo
E-mail | globalpm@naver.com
Phone | 010-2479-3759